AF564111

MOYENS DE RENDRE LA LOTERIE ROYALE DE FRANCE UTILE AU GOUVERNEMENT,

Sans nuire directement, ni indirectement au Peuple,

OU

EXAMEN de l'Ouvrage de M. l'Évêque d'Autun, intitulé : DES LOTERIES.

Par JABBE-MINOBLANT, D. M. F. R.

Prix, 30 sols.

1789.

MOYENS

De rendre la Loterie Royale de France utile au Gouvernement, sans nuire directement, ni indirectement au Peuple;

OU

EXAMEN de l'Ouvrage de M. l'Évêque d'Autun, intitulé: DES LOTÉRIES.

DANS un moment où chaque Citoyen semble se disputer la gloire de coopérer à la régénération de l'État, & de consommer, par de généreux sacrifices, le bonheur de la Nation; n'est-il pas odieux de voir un Prêtre désœuvré répandre avec profusion dans le Public, & faire annoncer dans les Journaux, avec une emphase digne de châtiment, un Ouvrage dont le titre seul annonce, sinon un homme en démence, du moins un homme altéré de la soif de l'or; un homme qui, non content de vivre de l'Autel, cherche encore à exprimer les sueurs & à pomper le sang des misérables, pour soutenir avec plus de faste & d'éclat l'inutilité de son existence!

A

Telle eſt l'indignation qu'excite, en particulier, dans l'eſprit de tout homme ſenſé, le LIVRE DES RÊVES, ou l'ONÉÏROSCOPIE, monument honteux de l'extravagance de ſon Auteur, & chef-d'œuvre tout-à-la-fois de la déraiſon humaine. Telle eſt auſſi l'indignation dont on a peine à ſe défendre, en général, contre ces Écrivains fourbes & avides, qui trouvent leur intérêt à repaître la ſtupide crédulité du Peuple, de cette Kirielle de Combinaiſons ſur la LOTERIE ROYALE, combinaiſons qu'ils appellent *myſtérieuſes*, mais qui, par cela même, ne peuvent jamais être que puériles & ridicules.

Un Pontif éloquent vient d'élever la voix contre cette nouvelle eſpèce d'êtres malfaiſans, qui, ſous l'eſpérance trompeuſe de la fortune & du bonheur, cachent ſciemment aux malheureux le précipice ouvert pour les engloutir. Ce digne Prélat fait paſſer, ſans effort, dans l'ame de ſes Lecteurs, toute la ſenſibilité dont la ſienne a été ſi ſouvent pénétrée à la vue des déſordres moraux & politiques qu'entraîne, dans le Royaume, une jonglerie contre laquelle le Gouvernement eſt intéreſſé à ſévir. C'eſt, en partie, cette jonglerie qui a fait germer dans le cœur de l'homme opulent & du Citoyen aiſé, le déſir de ſoumettre à la folie des calculs, les écarts de la *roue de fortune*; & delà s'eſt propagée parmi les Artiſans, les Journaliers, &, ce qu'on a peine à croire, juſque parmi les Mendians de nos Villes, cette manie épidémique de riſquer ſur la ſortie de quelques *Numéros*, des fonds dont la perte ne laiſſe, le plus ſouvent, au Ponte ruiné, d'autre reſſource que le déſeſpoir de les avoir perdus, avec l'impuissance absolue de jamais les recouvrer.

Emporté par son zèle & par l'amour du bien public, l'Auteur ne trouve de remède à ces maux que dans la suppression des LOTERIES. Telle est même, dans la grande révolution qui se prépare, la réforme qui paraît faire l'objet de ses vœux les plus ardens, & c'est aussi le seul but, du moins j'aime à le croire, qu'il s'est proposé, en publiant l'Ouvrage qui circule aujourd'hui sous un nom aussi respectable que celui de M. l'*Évêque d'Autun*.

Mais quelque confiance que puissent inspirer aux Représentans de la Nation, les connaissances théoriques & pratiques que s'est acquises l'Auteur sur le sujet intéressant qu'il a traité ; j'ose croire que, si, d'une part, le systême actuel des LOTERIES porte de fréquentes atteintes à la Morale & à la Religion ; leur suppression, sans remédier à des désordres qui ont leur source dans la misère du Peuple, qu'elle ne ferait encore qu'accroître, intéresse d'ailleurs trop essentiellement la Politique & l'Administration des finances du Royaume, pour ne pas mériter de faire, sous ce dernier rapport, la matière d'une discussion, capable de fixer enfin l'opinion publique sur les avantages & les désavantages respectifs d'un établissement qui, sous les apparences d'une sorte de jeu national, cache la réalité d'un impôt, mais d'un impôt volontaire.

On ne peut rien de plus noble, sans doute, ni rien de plus grand que les motifs qui font désirer à la sagesse du Prélat, l'entier anéantissement de nos LOTERIES. Mais examinons si, en fesant subir à ces sortes de jeux quelques changemens indispensables, nous ne trouverons pas, au conraire, dans l'amour de l'Humanité, dans la Morale, dans la Religion, comme dans la Politique, des motifs encore plus puissans en faveur de la conservation de ces mêmes LOTERIES.

Quelque soit, à cet égard, le jugement du Public, auquel je déclare souscrire d'avance, je n'en aurai pas moins la conscience d'avoir, à l'exemple de mon heureux Antagoniste, combattu pour l'utilité morale & politique de ma Nation. J'ose même me flatter que, si je ne remporte pas la palme dans l'esprit du Prélat, du moins, en jugeant de mes dispositions intimes par la pureté des siennes, il ne pourra me refuser le suffrage de son cœur.

Avant d'entrer en matière, emparons-nous, si j'ose ainsi dire, de la pensée du Lecteur, en lui développant par l'énoncé de deux propositions contradictoires, aussi claires que succinctes, le sujet qui doit fixer ici son attention.

En consultant la théorie des calculs, les intérêts de la Morale, de la Religion, de la Politique, &, en particulier, ceux du peuple, M. l'*Évêque d'Autun* ne trouve dans la LOTERIE ROYALE DE FRANCE qu'un moyen ténébreux de dissipation & de ruine, qu'aucun prétexte ne peut sauver d'une entière proscription.

En considérant également l'établissement de la LOTERIE sous ces mêmes rapports, je trouve, au contraire, qu'à l'aide de quelques changemens dans le système actuel de cette LOTERIE, la Morale, la Religion, le Gouvernement, & spécialement la classe des malheureux, ont tous un intérêt, plus ou moins grand, à sa conservation.

Pour mettre le Public à même de prononcer

plus aiſément ſur le mérite reſpectif du travail de M. l'*Évêque d'Autun*, & de celui que des motifs auſſi purs que les ſiens, m'engagent à lui oppoſer; je ne vois pas de meilleur moyen que de préſenter à mi-marge au Lecteur, l'Ouvrage entier du Prélat, & à côté, avec l'examen de la Logique de ſes raiſonnemens, la Réponſe aux différentes Objections qu'il croit victorieuſes en faveur de la deſtruction de nos LOTERIES. Cette marche, d'ailleurs, déplaira d'autant moins aux Eſprits méthodiques qui, dans tout, cherchent plutôt à diſſiper leurs doutes à la lueur du flambeau de la diſcuſſion, qu'à repaître, un inſtant, leur imagination des bluettes du ſtyle ou de l'élocution, qu'ils auront dans un ſeul & même Ouvrage, &, pour ainſi dire, ſur la même ligne, tout ce que la Dialectique, le calcul & la Politique fourniſſent d'armes pour & contre une branche des Revenus du fiſc, qui, vue de profil, ſemble compromettre & l'honneur & les intérêts même de l'Adminiſtration.

---

§. 1. *La nature a deſtiné les hommes au travail, puiſqu'en les ſoumettant à des beſoins toujours renaiſſans, elle n'a voulu leur accorder que ce ſeul moyen d'y pourvoir entièrement.*	§. 1. Grande vérité morale, qui rappelle tous les hommes, ſinon à la chimère de l'égalité des conditions, du moins à cette égalité parfaite dans la répartition des charges publiques, qui ſeule peut faire le bonheur & la proſpérité des Empires.
§. 2. *Mais dans tous les*	§. 2. Une foule de rai-

tems, l'homme avide & pareſſeux a voulu conſommer ſans ſe donner la peine de produire : il a convoité le travail d'autrui (1), *& de ce déſir contenu par les lois, a dû ſe former, dans l'état de ſociété, la paſſion du jeu, comme offrant les reſſources les plus promptes pour ſe procurer des richeſſes qu'on n'a pas concouru à faire naître.*

ſonnemens ſe preſſent & s'accumulent pour démontrer juſqu'à l'évidence, la fauſſeté radicale de cette aſſertion. Dans le ſeul embarras du choix, je me borne aux ſuivans.

Une preuve, entr'autres, qu'il faut chercher ailleurs que dans le déſir du bien d'autrui, l'origine de la paſſion du jeu, c'eſt que nous voyons, en effet, tous les jours, des perſonnes paſſionnées, les unes pour les *échecs*, les autres pour le *trictrac*, preſque toutes pour le *piquet*, quoique, le plus ſouvent, ces perſonnes n'intéreſſent leur jeu que par le ſeul attrait qu'il a naturellement pour elles. D'ailleurs, ce n'eſt jamais, généralement parlant, ce n'eſt jamais ceux qui convoitent le plus le fruit du travail d'autrui, qui ſont le plus en proie à la paſſion du jeu. Et n'eſt-ce pas préciſément dans les claſſes les plus élevées, comme dans les plus riches de la Société, que cette paſſion ſe développe dans toute ſon énergie ? Ce n'eſt donc pas, Monſeigneur, excluſivement le déſir de poſſéder le bien d'autrui, qui a fait naître dans l'état de ſociété, une manie qui fait le tourment habituel de ceux qui en ſont poſſédés. Le Citoyen qui ne vit que dans une hon-

(1) Il y a ici un contre-ſens, ou une faute grave contre la langue. On ne peut pas dire dans le ſens de l'Auteur, *convoiter le travail d'autrui* ; mais on dira bien *convoiter le fruit du travail d'autrui.*

nête médiocrité, vous ne le voyez pas se dessècher à l'angle d'un tapis verd; vous ne le voyez pas, pour aggrandir sa fortune ou les espérances de ses enfans, risquer sur un coup de *dé* ou sur un coup de *carte*, le peu de numéraire dont sans cesse il a besoin. Le malheureux qui semble condamné à lutter entre le désespoir & la misère, qu'est-ce qui peut lui suggérer seulement l'idée de la ressource du jeu? Certes, ce n'est pas quand on meurt de faim, qu'on va, sans une seule pièce de monnaie dans sa poche, disputer sa subsistance dans un *billard* ou dans un *tripot*.

§. 3. *Il n'est ici question que des jeux de hasard, les seuls en effet qui écartent toute idée de travail: & même dans un sujet aussi étendu, je me bornerai à parler des Loteries. Je vais prouver qu'un tel jeu est à-la-fois, & au plus haut dégré, injuste, immoral, & qu'aucun prétexte ne peut le sauver d'une entière proscription.*

§. 3. Je dois aussi me borner, à l'exclusion de toute autre espèce de jeux, à parler des LOTERIES; &, en vengeant un tel jeu de l'imputation gratuite qu'on lui fait d'être à-la-fois, & au plus haut dégré, injuste & immoral, je vais prouver qu'à l'aide de quelques changemens préalables, il n'est pas de prétexte qui puisse prévaloir contre les différentes raisons qu'on a de le conserver.

§. 4. *Il ne faut pas confondre avec ces Loteries, celles qui font partie des emprunts publics, & qui y sont tellement at-*

§. 4. Nous ne confondrons rien. Mais l'Auteur qui a bien pu tracer avec autant de clarté que de précision, la ligne de dé-

tachées, qu'elles en forment la dénomination. Un emprunt en Loterie, quoique sous plusieurs rapports, hors des véritables principes, diffère pourtant des Loteries proprement dites, dans lesquelles l'alternative des joueurs est toujours placée entre la perte entière des mises, & la faveur particulière d'un petit nombre de chances. Dans l'emprunt en Loterie, le joueur consent à placer son argent à un intérêt plus faible, dans l'espérance d'un lot en sus de cet intérêt qui est commun à tous les prêteurs. Toute la perte est donc dans cette diminution générale d'intérêts, dont se compose la fortune du petit nombre de ceux que le sort favorise: ensorte que, dans cette espèce de jeu, non seulement tout le profit est versé sur les joueurs, mais même que le sort y est forcé d'être favorable aux uns, sans pouvoir jamais être entièrement funeste aux autres.

marcation entre les LOTERIES dont il s'agit ici, & celles qui font partie des emprunts publics, aurait bien dû nous expliquer aussi, autrement que par une allégation vague, en quoi un emprunt en LOTERIE se trouve, sous plusieurs rapports, hors des véritables principes.

Que je m'en tienne au texte lumineux de votre explication, M.gr, ou que, par différens commentaires, je cherche à en tordre le sens; je ne trouve pas même l'ombre d'un seul rapport sous lequel un emprunt en LOTERIE donne la moindre atteinte aux véritables principes. Le mal ou l'abus n'est certainement pas dans la chose: ce n'est, Monseigneur, que le mot qui vous a fait peur; & c'est aussi dans le mot que votre prévention vous a fait trouver la violation des *véritables principes*.

Quant à cette proposition que, dans les LOTE-

RIES proprement dites, l'alternative des joueurs eſt toujours placée entre la perte entière des miſes, & la faveur particulière d'un petit nombre de chances, il me ſuffit de prévenir que je ne peux ni ne dois la laiſſer paſſer. Elle porte avec elle un caractère de fauſſeté ou tout au moins d'exagération; ce que je démontrerai dans la ſuite de cet Ouvrage.

§. 5. *Toute autre Loterie eſt, par ſa nature, fondée ſur les eſpérances qu'elle donne, & ſur le profit aſſuré qu'elle perçoit. Le gain de chaque joueur eſt éventuel; la perte de tous les joueurs réunis eſt certaine; parconſéquent, les bénéfices de la Loterie ſont infaillibles. Tel eſt ſon caractère conſtitutif; tel eſt le principe évident de ſon injuſtice. Et quand même on garderoit quelque meſure d'équité dans ſes combinaiſons; quand même, par la plus chimérique des ſuppoſitions, la Loterie renoncerait entièrement à ſes profits, pour en accroître les chances des joueurs, elle ceſſerait d'être injuſte, ſans ceſſer d'être condamnable. Dès le moment où toutes les claſſes*

§. 5. Que toute autre LOTERIE ſoit, par ſa nature, fondée ſur les eſpérances qu'elle donne, à la bonne heure : mais qu'elle le ſoit auſſi, & eſſentiellement, ſur le profit aſſuré qu'elle perçoit; c'eſt ce que l'expérience autoriſe par-fois à nier, puiſqu'il n'eſt pas impoſſible que, loin d'avoir un profit aſſuré, le Banquier ou l'Adminiſtration ne ſupporte, au contraire, une perte réelle. J'ai ſous les yeux une Lettre d'une perſonne qui tient à la régie des LOTERIES, & j'y vois ces paroles remarquables : *Les Joueurs nous donnent ſouvent de furieux tours de reins. La LOTERIE vient encore de perdre à ce tirage* (c'était au ſe-

des Citoyens feraient invitées à ce jeu par la facilité des mifes, il en réfulterait un grand mal focial : ce jeu, à proprement parler, ne ferait plus des dupes, mais toujours il ferait des malheureux : toujours il s'alimenterait de la fubftance du pauvre ; toujours il ferait confumer le tems en d'extravagantes fpéculations.

cond tirage de Septembre 1785) PLUS D'UN MILLION *fur la fortie des N.os 15 & 44.*

Si c'eft parcequ'on a cru les bénéfices de la LOTERIE infaillibles, qu'on s'eft hâté de conclure que le principe de fon injuftice était évident, la conféquence tombe naturellement avec l'erreur d'où on l'avait déduite.

Je conviens qu'il n'eft pas poffible de juftifier la LOTERIE ROYALE DE FRANCE, du reproche, par exemple, d'être condamnable, en ce qu'il n'eft que trop prouvé qu'elle s'alimente, en effet, de la fubftance du pauvre : mais quand j'aurai indiqué le moyen auffi fimple qu'aifé, d'empêcher le malheureux de pouvoir jamais atteindre à un jeu qu'on ne faurait trop tôt lui interdire, ce reproche mérité n'aura plus lieu.

§. 6. Or, s'il eft certain que même l'égalité la plus parfaite entre les mifes totales & les chances, ne pourraient juftifier entièrement les Loteries, que faut-il donc penfer de celles dont les profits font à-la-fois infaillibles & énormes ; de celles furtout dont les inventeurs

§. 6. Je vous ai paffé, Mgr., que le gain de chaque Joueur eft éventuel : j'ai droit à la même condefcendance de votre part fur ces profits énormes qui excitent votre indignation. Ils ne font pas plus infaillibles que ne l'eft la perte de chaque Joueur, & même la

ont épuisé l'art le plus savant, pour cacher les bénéfices immenses à la crédule ignorance du peuple, & pour enflammer en même tems sa folle cupidité ?

perte de tous les Joueurs réunis. En un mot, ils sont, comme le gain de chaque Ponte, parfaitement éventuels.

Sans doute, les inventeurs de la LOTERIE peuvent enflammer ma cupidité : mais cacher, à force d'art, des bénéfices immenses à ma crédule ignorance, c'est ce qu'on ne peut leur imputer que par une calomnie démentie par le bon sens & par le fait.

§. 7. *Il faut croire qu'on ne prévit pas d'abord tout ce que l'institution des Loteries entraînerait de maux avec elle. Séduit par des intérêts momentannées, ou même par des vues de bienfaisance que toujours on a eu l'art de lier à ces établissemens, on imagina sans doute que le seul superflu des riches irait se perdre dans ces combinaisons, & que le pauvre, loin d'en être la victime, pourrait même en recueillir quelque fruit ; & lorsqu'ensuite on n'a pu se dissimuler les intolérables abus de ce jeu, telle est la fatale influence des habitudes les plus vicieuses, qu'il*

§. 7. Les règles d'une saine Logique ne permettent pas de souffler, comme on dit, le chaud & le froid de la même bouche. C'est cependant ce que vous faites ici, Monseigneur. Le Législateur a été, dites-vous, séduit par des vues de bienfaisance que toujours il a eu l'art de lier à ces établissemens. Quelle contradiction de raisonnement ! Depuis quand a-t-on vu marcher de compagnie la séduction & l'art, l'une prise passivement, & l'autre employé dans le sens actif ? Jamais. La séduction, dans ce cas, atteste tou-

n'a cessé de subsister, quoiqu'il ait été constamment flétri dans l'opinion des hommes sages & des Administrateurs éclairés.

jours la bonne-foi; l'art, au contraire, ne va jamais sans la malice.

Sans doute, les LOTERIES sont flétries dans l'opinion des hommes sages & des Administrateurs éclairés: mais tant que les Puissances qui avoisinent notre Continent, conserveront ces sortes de jeux dans leurs États, nos Administrateurs éclairés sentiront la nécessité de conserver également en France, un établissement, sans lequel on verrait encore exporter dans les banques étrangères une partie de ce métal, qui, s'il n'est pas la vraie richesse, en est du moins le signe représentatif, & qui fait le nerf de la prospérité des Empires.

§. 8. *Mais c'est bien vainement qu'on a voulu trouver quelque excuse à ce jeu, dans la destination d'une partie de ses profits à des institutions de piété & d'utilité publiques; depuis quand l'usage d'un bien en a-t-il donc purifié la source? Sophisme injurieux, qui semble accuser d'avarice & d'insensibilité tout un peuple généreux & sensible! Comme si la pitié ne pouvait plus être excitée que par un sentiment abject; comme s'il fallait*

§. 8. C'est, je le répète, oui, c'est la nécessité de concentrer parmi nous notre numéraire, qui a fait créer, en France, l'établissement des LOTERIES; cet établissement, louable sous ce rapport politique, est déjà un bienfait du Gouvernement, & certes, un bienfait n'a pas besoin d'excuse. Mais quand je vois la sagesse du Monarque consacrer une partie des profits éventuels de ces LOTERIES à des institutions de piété

nécessairement tromper les hommes, pour les rendre humains ; qu'on ne pût les conduire à la bienfaisance que par la cupidité, & que nous fussions réduits à l'avilissante nécessité d'implorer le vice, pour lui faire remplir les fonctions révérées de la vertu !

§. 9. *Pour se pénétrer des abus révoltans des Loteries, pour bien concevoir à-la-fois toutes les ruses qu'elles ont inventées, tous les pièges qu'elles tendent à la crédulité du Peuple, & tous les désordres qu'elles traînent à leur suite, il faut attacher ses regards sur la Loterie Royale de France. Jamais, peut-être, aucune institution n'a présenté au Législateur autant de signes de réprobation que cette Loterie, qui, sous l'abri de son nom auguste, semble braver la censure publique.*

& d'utilité publiques, j'admire & je me tais.

§. 9. Un simple coup d'œil, jetté de sang-froid sur la LOTERIE ROYALE DE FRANCE, suffit pour convaincre que toutes les ruses & tous les pièges qu'on lui impute, sont autant d'Etres de raison. Rien de plus clair, en effet, rien de plus lumineux que l'Explication de cette LOTERIE, qui est à-la-fois & sa propre justification & celle du Législateur qui n'a pas dédaigné de la mettre à l'abri de son nom auguste. Il falloit donc s'en tenir à reprocher à cette institution les désordres dont elle est quelquefois la suite. C'est ainsi que, souvent pour vouloir trop prouver, on finit par ne rien prouver du-tout.

§. 10. *Cette assertion est fondée sur les calculs les plus rigoureux. En voici les résultats.*

§. 10. Voyons si la prétendue rigueur de ces calculs ne porte pas sur une base aussi chimérique qu'illusoire.

§. 11. *La Loterie Royale est combinée de telle sorte, qu'on y peut jouer, & qu'on y joue, en effet, à chaque tirage de sept manières différentes.*

§. 11. On y joue à chaque Tirage, de sept manières différentes; bon: mais jamais à Mises parfaitement égales. Cette égalité de Mises sur chacune des mille & une combinaison que présentent au caprice de trois ou quatre millions de Pontes les 90 Numéros de la LOTERIE, est d'ailleurs de toute impossibilité. Cette observation de fait est précieuse: ne la perdons pas de vue; ou plutôt, rendons-en, par un exemple hypothétique, la vérité sensible au Lecteur le moins familier avec les spéculations de la LOTERIE. Trois mille Actionnaires se composent, chacun à leur gré, un *Terne* de trois Numéros. La Mise de chaque Joueur est, le fort portant le faible, de *douze sols* sur cette Chance. Je place au même Tirage *vingt-cinq livres* sur un Terne, pris au hasard. La Roue de fortune, funeste à ces trois mille *Ternalistes*, amène mes trois Numéros. La LOTERIE perd contre moi, 1,31,975 l. déduction faite des *vingt sols* qu'à prélevés, pour sa part de bénéfice, le Receveur qui a enregistré ma Mise; & elle ne gagne contre les trois mille Perdans ci-dessus, que la somme de 35,780 liv.

Extrait simple.

§. 12. *Dans la première, le bénéfice calculé de la Loterie est d'un sixiè-*

§. On sent, Monseigneur, parce que je viens de dire, toute la pauvreté

me de la Mise des Joueurs, c'est-à-dire, que sur six qu'elle reçoit du Public, elle en remet cinq pour en former les Lots qu'elle lui distribue, ou, ce qui revient au même, son profit est de 16 $\frac{2}{3}$ sur 100. Ce profit, déjà extrêmement usuraire, va s'accroître avec un excès inconcevable dans les autres manières de jouer à cette Loterie.

Extrait déterminé. *Dans la seconde de ces manières, elle retient 23 sur 100.*

Ambe simple. *Dans la troisième, environ 32 $\frac{1}{2}$ sur 100.*

Ambe déterminé. *Dans la quatrième, 36 $\frac{1}{2}$.*

Terne. *Dans la cinquième, 53 $\frac{1}{3}$.*

Quaterne. *Dans la sixième, 85 $\frac{1}{3}$.*

Quine. *Dans la septième enfin, oserait-on l'imaginer! elle retient 97 & près de $\frac{3}{4}$ sur 100. Ensorte que le Public, considéré en masse, & jouant dans cette dernière combinaison, est précisément dans le cas d'un Particulier qui jouerait à pair ou non, à condition* de vos calculs rigoureux. Pour extraire, jusqu'à la racine, les bénéfices de la Loterie, vous êtes parti d'une Supposition qui n'en mérite pas même le nom. Vous supposez qu'un Joueur, ou, ce qui revient au même, que la masse des Joueurs, pour gagner, à chaque Tirage, les 5 *Extraits* qui sortent de la Roue *de fortune*, est obligée de charger également les 90 Numéros qui composent la Loterie. Mais, Monseigneur, c'est supposer ce qui jamais n'est arrivé, & ce qui, j'ose bien vous l'assurer, n'arrivera jamais. Et s'il en pouvait être ainsi, quel gouffre, bon Dieu! que la Loterie! On parle de 9 millions de bénéfice pour le Trésor Royal; ce bénéfice s'éleverait à plus de 100 millions; ou plutôt, il eût été, dès la naissance de la Loterie, réduit à *zéro.* Car enfin, quel est le Joueur, quelle est même

qu'il payerait 100 *livres chaque fois qu'il perdrait, & qu'il recevrait* 2 *livres* 5 *sols & quelques deniers chaque fois qu'il gagnerait: & la preuve en est sensible, puisque pour s'assurer d'obtenir* 200,000 *l. par cette combinaison, il est démontré qu'il faut commencer par donner à la Loterie, avant le Tirage, près de* 44 *fois* 200,000 *livres, ou, plus exactement*, 8,789,853 *livres* 12 *sols. C'est sur cette somme énorme qu'après en avoir disposé quelque tems, la Loterie veut bien consentir à rendre pompeusement* 200,000 *livres: & c'est dans cette combinaison dévorante, qu'on ose inviter le Peuple ignorant & crédule, à placer quelques pièces de monnaie, encore trempées des sueurs de son front, en l'enivrant du chimérique espoir de ce* Quine, *qui exalte les têtes jusqu'à la démence.*

la masse des Joueurs en démence, qui, pour gagner 200,000 livres, eût commencé, comme l'a fort bien calculé VOTRE GRANDEUR, par donner à la LOTERIE, avant le Tirage, la somme énorme de 8,789,853 liv. 12 sols?

Vous avez bien raison, d'après votre manière de voir, de crier au profit usuraire; ce serait, dans ce cas, une usure monstrueuse qui n'aurait pas de nom, & qui couvrirait d'un opprobre éternel le Gouvernement qui aurait osé donner à l'Europe indignée l'exemple d'une pareille infamie. Mais heureusement l'usure n'est que dans votre hypothèse: autrement le *Ponte*, par l'étonnante disproportion entre sa Mise & son bénéfice sur une Chance heureuse, ne serait pas moins entaché du crime d'usure, que le *Banquier* lui-même.

Au surplus, interrogeons

geons la Loterie, & voyons quel est le traitement qu'elle fait à ses Actionnaires.

« A chaque Tirage, nous dit-elle (2), je paye
» pour chaque Lot d'*Extrait déterminé*, 70 fois
» la valeur de la Mise; pour chaque Lot d'*Extrait*
» *simple*, 15 fois la valeur de la Mise; pour cha-
» que Lot d'*Ambe déterminé*, 5,100 fois la va-
» leur de la Mise; pour chaque Lot d'*Ambe*
» *simple*, 2,70 fois la valeur de la Mise; pour
» chaque Lot de *Terne*, 5,500 fois la valeur de
» la Mise; pour chaque Lot de *Quaterne*, 75,000
» fois la valeur de la Mise, & pour le Lot de
» *Quine*, 1,000,000 de fois la valeur de la Mise ».

Actuellement, calculons, Monseigneur; & ne raisonnons que d'après les plus petites Mises possibles.

Extrait déterminé.

Dans la première chance, avec 10 sols, je gagne 35 livres. C'est déjà, comme vous voyez, une furieuse progression arithmétique, puisque mon bénéfice est comme 700 est à 10.

Extrait simple.

Dans la deuxième chance, celle de toutes qui produit le moins, & qui cependant est la plus avantageuse pour la masse des joueurs, avec 10 sols, je gagne 7 livres 10 sols; mon bénéfice est comme 150 est à 10.

Ambe déterminé.

Dans la troisième, 4 sols me produisent 1,020 livres; mon bénéfice est comme 20,400 est à 4.

Ambe simple.

Dans la quatrième, la plus favorable aux Actionnaires, après l'*Extrait simple*, une mise de 4 sols me donne 54 livres; mon bénéfice est comme 1,080 est à 4.

Terne.

Dans la cinquième, 2 sols me donnent 5,50 liv.

(2) Cette explication se trouve répétée au bas de la Liste imprimée des Numéros de chaque Tirage.

Où eſt la proportion entre la Miſe & ſon produit, qui eſt ici dans le rapport exact de 11,000 à 2?

Quaterne. Dans la ſixième, pour *un ſol* que j'ai avancé, je reçois 3,750 livres; la diſproportion devient encore ici plus effrayante pour la LOTERIE, puiſque le bénéfice du Ponte eſt comme 75,000 eſt à 1.

Quine. Dans la ſeptième enfin, qui le croirait? 12 *deniers* me donnent 50,000 livres. Quel bénéfice! Il eſt avec ma Miſe, dans la diſproportion de 1,000,000 à 1.

J'entrevois votre objection. Mais, me direz-vous, ce fameux *Quine*, qui exalte les têtes juſqu'à la démence, eſt encore à ſortir. Depuis trente ans, Monſeigneur, il ne ceſſe de ſortir, deux fois par mois, de la *Roue de fortune:* il n'eſt encore ſorti en faveur d'aucun Joueur; mais à qui la faute? De ce que perſonne n'a encore pu mettre le doigt ſur ce *Quine*, je ne vois pas que vous ſoyez autoriſé à en conclure qu'il eſt impoſſible de le ſaiſir. Tout ce que je ſais, en total, c'eſt qu'il faut être de bien mauvaiſe humeur, pour accuſer d'uſure une LOTERIE qui a pris l'engagement ſolemnel & ſacré de payer 3 millions à celui qui ſerait aſſez heureux pour gagner contre elle un *Quine* à raiſon de 3 livres.

§. 13. *Mais, comme en s'arrêtant à cette dernière combinaiſon, qui eſt, en effet, la plus défavorable de toutes pour le Public, on pourrait craindre de ſe faire de l'injuſtice totale de la Loterie, une idée*

§. 13. Vous convenez donc déjà, Monſeigneur, qu'en prenant au ſérieux vos calculs exagérés ſur les combinaiſons innombrables du *Quine*, on aurait à craindre de juger de la LOTERIE comme *beaucoup trop exagérée, il importe, pour connaître l'ensemble de la Loterie, de réunir toutes les manières possibles d'y jouer, & de supposer, par exemple, qu'un Particulier voulant obtenir à lui seul les différens Lots qu'elle propose, place une livre tournois sur chacune des combinaisons différentes que présente chacune des sept manières d'y jouer : dans cette supposition, qu'on a sans doute le droit de faire, on arrive à un résultat presqu'aussi effrayant, puisqu'il est mathématiquement prouvé que ce Particulier sera tenu de livrer d'abord à la Loterie 45 millions & plus de 700 mille livres ; qu'après le Tirage, il lui sera rendu par cette même Loterie moins d'un million & demi, & que par conséquent le bénéfice de la Loterie sera de 44 millions & plus de 200 mille livres ; ce qui donne, pour la totalité des combinaisons, un profit de 96 un peu plus de* $\frac{3}{4}$ un aveugle juge des couleurs. J'aime cet aveu. Mais, en vérité, je souffre de vous voir encore vous perdre dans un autre supposition que vous n'avez pas plus le droit de faire, que je n'ai moi-même celui de supposer que, pour jouir des 32 mille livres de revenus attachés à votre Évêché, il faut que vous versiez annuellement, n'importe dans quelle caisse, 30 fois 32 mille livres, ou plus exactement, la somme énorme de 9,60 mille livres.

Je vous ai déjà nié (§. 11.) l'égalité parfaite de Mises sur toutes les combinaisons que donnent, pour les sept Chances connues, les 90 Numéros de la LOTERIE. Ce serait abuser de la patience du Lecteur, que de nous arrêter plus long-tems à combattre une chimère.

ſur 100. Et voilà ſur quelle baſe eſt établie la Loterie Royale de France.

§. 14. *A chaque Tirage, il eſt vrai, on ne joue pas ſur toutes les combinaiſons poſſibles, & particulièrement ſur les combinaiſons preſque innombrables du* QUINE, *les plus avantageuſes de toutes à la Loterie. Il eſt vrai auſſi qu'on ne place pas des ſommes égales ſur chaque combinaiſon; ce qui rend le calcul rigoureux, moins applicable aux effets de cette bizarre Loterie, & donne réellement, pour chaque Tirage, un terme moyen de perte générale, inférieur à celle que préſente le calcul: mais ſi ces Chances ne ſont pas toutes priſes, ni toutes également, certes ce n'eſt pas la faute de la Loterie, qui ne ceſſe de les propoſer toutes indifféremment; mais à la longue, il peut arriver qu'elles le ſoient; mais enfin telle eſt la conſtitution bien véritable de cette Loterie.*

§. 14. J'ai deviné le mot. Car quel autre nom donner à une hypothèſe dont vous ſentez ſi bien la nullité, qu'à peine l'avez-vous haſardée, les intérêts de la vérité vous forcent auſſitôt de l'abandonner pour ce qu'elle eſt, pour une hypothèſe en l'air, à qui il ne manquait que de la flanquer de *mais* & de *ſi*, pour completter ſon ridicule. « Mais ſi ces Chances ne » ſont pas toutes priſes, » ni toutes également, » certes ce n'eſt pas la » faute de la LOTERIE». La belle chute! « Mais » à la longue il peut » arriver qu'elles le » ſoient ». Le bel argument, pour prouver que la LOTERIE eſt injuſte, uſuraire; que c'eſt un piège tendu à la crédulité du Peuple, & qu'elle fait l'opprobre du Gouvernement qui la tolère! Des *peut-être* ne ſont pas des raisons : & quand une fois, par impossible, ces Chances se trouveraient à un Tirage toutes prises, & toutes également chargées, qu'est-ce qu'une fois par hasard ? Cela peut-il tirer à conséquence pour la succession ou l'ensemble des Tirages ?

§. 15. *Veut-on rendre plus sensible encore l'injustice odieuse de la Loterie Royale de France ? Qu'on la compare avec les jeux de hasard, même les plus décriés, tels que les jeux de* BELLE *& de* BIRIBI, *ces jeux si publiquement avilis, qu'on ose à peine en rappeller ici les noms.*

§. 15. De tout tems, il existe un préjugé contre tout ce qui s'appelle *comparaison.* Celle que l'on va se permettre ici, fera, sans doute, exception à la règle générale. Écoutons sans prévention, & jugeons avec impartialité.

§. 16. *Le jeu de la* BELLE *était, dans son principe, composé de 106 numéros, dont un seul gagnait & valait au Joueur 96 fois sa Mise. Le bénéfice des Banquiers était donc de 10 sur 106, ou, ce qui revient au même, de 9 $\frac{23}{53}$ sur 100. Ce bénéfice, si modéré en comparaison de celui de la Loterie, parut tellement scandaleux, même aux Banquiers, que, de leur propre mouvement, ils le réduisirent à 8 sur 104, ou*

§. 16. Il n'est pas de jeu, Monseigneur, qui n'ait ses principes, ses calculs & ses combinaisons particulières. Celui de LA BELLE, composé de 106 Numéros, dont un seul gagnait, excluant par sa nature, toute espèce de calculs, portait avec lui le caractère infamant de sa réprobation. Son bénéfice de 10 sur 106, ou de 9 $\frac{23}{53}$ sur 100, bénéfice certain dont l'ivresse des Pontes accélérait le retour avec une

$7\frac{9}{11}$ sur 100. Cependant, même après cette réduction, ce jeu continuait à ruiner les Joueurs. Pour arrêter ses ravages, la Police se vit obligée de le proscrire, & tous les jeux de la BELLE *furent supprimés.*

fureur incroyable, était, proportion gardée, au centuple du gain éventuel de la LOTERIE qui du moins, par la nature de sa constitution, admet des combinaisons plus ou moins fondées sur des probabilités.

Comme, avec des intentions pures, l'homme éclairé abuse quelquefois de ses lumières & de sa raison, quand il ne sait pas se surveiller lui-même, & se tenir en garde contre un sentiment d'autant plus capable de faire illusion qu'il est plus cher, ou que trop souvent on l'adopte inconsidérément, sans l'avoir mûri dans le silence de la méditation! De bonne foi, avez-vous bien pû, Monseigneur, comparer un jeu auquel le Souverain a donné l'attache de son Nom auguste; un jeu que sa sagesse a placé sous la sauvegarde de la Loi; un jeu auquel préside, avec solemnité, deux fois par mois, au sein de la Capitale, dans la grand'salle d'un édifice public, un Magistrat supérieur, & huit à dix personnes en place, honorées de la confiance particulière du Prince & de l'estime de la Nation, en présence de plusieurs milliers de Citoyens, de tout âge, de tout sexe, de tout rang & de toute condition? Avez-vous bien pû le comparer, Monseigneur, avec un jeu désastreux, enfanté dans l'obscurité par des ames plus viles que le métal dont elles se fesaient, à toute heure du jour & de la nuit, un plaisir cruel de dépouiller, dans des lieux consacrés à la débauche, leurs nombreuses victimes? avec un jeu qui, d'une part, ne pouvait être surveillé que par la cupidité d'un Banquier sans honneur & sans honte; & qui, de l'autre, n'avait pas même de bornes dans la ruine, les remords, la rage & le désespoir des malheureux que la fureur du gain entassait, pêle-mêle, dans ces affreux réduits? Comparaison odieuse, qui assimile, dans le cas présent, les vues de sagesse, de politique & de bienfesance du Législateur, à l'astuce de ces brigands qui entretiennent au milieu de la société, pour la ruine & le déshonneur des familles, des académies de jeux, connues sous le nom de *tripots*.

§. 17. *Il est aisé de voir jusqu'à quel point la Loterie Royale est intrinséquement plus vicieuse que ce jeu. La combinaison de la Loterie, la moins défavorable au Public, assure pourtant à l'Administration un bénéfice de 16 $\frac{2}{3}$ sur 100, comme nous l'avons déjà remarqué, c'est-à-dire, plusque le double de celui de* LA BELLE; *& en réunissant toutes les combinaisons de la Loterie, nous avons vu qu'il en résulterait pour elle, dans le cas où elles seraient toutes prises une fois également dans le même Tirage, 96 & plus de*

§. 17. Point de doute, au contraire, que le jeu de *la Belle* était un jeu diabolique, dont le paralelle injurieux avec la LOTERIE ROYALE DE FRANCE, fait rougir. Dans la combinaison de la LOTERIE, la moins défavorable au Public, l'Administration, dites-vous, est pourtant assurée d'un bénéfice de 16 $\frac{2}{3}$ sur 100. Mais sur quoi donc porte cette assurance? Sur la supposition absurde, déjà tant de fois déclarée impossible, que les 90 Numéros sont tous pris à chaque Tirage, & que la Mise sur chacun

$\frac{3}{4}$ sur 100. Ainsi, s'il était possible à un Joueur de répartir uniformément 100 livres sur toutes ces combinaisons, il ne recevrait après le Tirage que 3 liv. & un peu moins de 5 sols, même en gagnant le QUINE *& tous les autres Lots, tandis qu'il recevrait de* LA BELLE *92 liv. & plus de 8 sols. Le rapport de ces deux sommes exprime, dans cette supposition, la défaveur respective des deux jeux; & puisqu'elles sont entre elles comme 1 à 28 & plus d'un tiers, il suit que si l'injustice totale du jeu de* LA BELLE *peut être exprimé par 1, on est autorisé à exprimer par plus de 28 celle de la Loterie Royale.*

de ces Numéros est parfaitement & constamment égale. En réunissant toutes les combinaisons de la LOTERIE, vous avez vu qu'il en résulterait pour elle, dans le cas où elles seraient toutes prises une fois également dans le même Tirage, 96 & plus de $\frac{3}{4}$ sur 100. Vous avez vu, passez-moi l'expression, une sottise idéale. Ce qui n'est pas même supposition pour la LOTERIE, on ne le trouvait malheureusement que trop réalisé dans le jeu de *la Belle*. Et en effet, les 106 Numéros d'un jeu qui échappait à toute espèce de combinaison, devaient, à chaque Tirage, être tous pris & tous également chargés. Ainsi, quand, pour évaluer la défaveur respective de ces deux jeux, vous prononcez que celle de la LOTERIE est à l'égard de l'injustice de *la Belle*, comme 28 & plus d'un tiers est à 1, on sent, pour ne rien dire de plus, que c'est précisément l'inverse de votre proposition qu'il faut prendre

§. 18. Par un procédé semblable on établirait que

§. 18. Toujours la même supposition d'égalité

le jeu de BIRIBI, *dont le profit est de 6 sur 70, ou de 8 $\frac{4}{7}$ sur 100, est 27 fois moins injuste que la Loterie considérée dans l'ensemble uniforme de toutes ses combinaisons ; & cependant l'un & l'autre de ces jeux ont été déclarés infâmes.*

de Mises sur l'ensemble des combinaisons de la LOTERIE ; toujours conséquemment la même absurdité de raisonnement. Au surplus, je ne connais du *Biribi* que le nom de ce jeu. Mais je lis dans la *Relation du Sacre de Louis XV*, que S. M. joua elle-même à ce jeu avec ses Courtisans, à la foire de Villers-Cottererz, dans l'une de ces fêtes brillantes que M. le Duc d'Orléans donna au Roi, le 3 Novembre 1722. Si *le Biribi* était aussi infâme que vous le prétendez, Monseigneur, j'aime à croire que le Souverain se serait bien gardé d'autoriser, par son exemple, un jeu réprouvé par la Loi, & flétri dans l'opinion des honnêtes-gens ; car enfin, vous savez que

Regis ad exemplar totus componitur orbis.

§. 19. *Croirait-on maintenant que par de nouveaux traits, on pût flétrir la Loterie Royale ? Il faut pourtant ajouter que cette Loterie est combinée avec une telle adresse, que, malgré sa révoltante injustice, elle est venue presque à bout d'enchanter les esprits ; que le peu de Numéros qu'elle emploie, en comparaison des autres Lote-*

§. 19. Jusques-là, Monseigneur, je n'ai pas encore remarqué un seul trait qui pût flétrir la LOTERIE ROYALE. Je ne vois, en dernière analyse, que le jeu le plus honnête, peut-être, qui soit dans les combinaisons de la fortune. Ne parlez donc plus d'*injustice*, d'*amorce*, de *piège*, d'*artifice* : ce langage

ries, est une première amorce grossière, à laquelle le grand nombre des joueurs s'est laissé prendre; que l'artifice des combinaisons dans lesquelles elle s'enveloppe, est un piège non moins sûr pour attirer d'abord les joueurs, & pour leur inspirer ensuite une persévérance effrénée dans le malheur; que par cette variété presque infinie de combinaisons, étant la seule qui permette à l'esprit une sorte d'usage de ses facultés; elle a eu l'art d'intéresser l'amour-propre dans le jeu de hasard le plus ruineux, & de l'aveugler à tel point, qu'il n'est peut-être aucun joueur qui, ridiculement attaché à certaines combinaisons dont il s'attribue la gloire, ne se persuade follement qu'avec de la constance & des Mises toujours croissantes, il viendrait facilement à bout d'enchaîner la fortune, ou même de ruiner la Loterie.

vous sièd mal; ce n'est pas celui de votre cœur. Je conviens, & tous les joueurs qui réfléchissent, conviendront avec nous, que la LOTERIE ROYALE est de tous les jeux de hasard celui qui, par une sorte de magie, les attache comme irrésistiblement. Mais, forcé par l'expérience journalière, je vous observerai en même tems que cet attrait irrésistible, général & constant, est du moins une preuve qu'une partie de la masse des joueurs est souvent heureuse, & qu'elle n'est pas, comme vous le prétendez (§. 12.), dans le cas d'un Particulier qui jouerait à pair ou non. Autrement, comment se persuader qu'un jeu qui ferait autant de dupes & de victimes de tous ses Actionnaires, conserverait néanmoins pour chacun d'eux constamment le même attrait?

Se persuader qu'avec de la constance & des Mises toujours croissantes, on viendrait facilement à bout d'enchaîner la fortune; vous appellez cela folie: & moi, j'ose vous assurer, Monseigneur, que c'est précisément là un de ces principes dont la certitude saute aux yeux des moins clair-voyans. C'est précisément-là ce que nous avons de plus certain & de mieux démontré dans la théorie comme dans la pratique de la LOTERIE. Faites attention que je ne parle ici que des trois Chances les moins fugaces, de l'*Extrait simple*, de l'*Ambe simple* & du *Terne*. Si les Joueurs, moins inconstans qu'ils ne le sont ordinairement, employaient seulement sur une combinaison une fois adoptée, moitié des fonds que l'impatience, le caprice ou l'inconstance leur font verser sur d'autres qu'ils adoptent pour les remplacer souvent, au Tirage suivant, par d'autres qu'ils croyent encore plus probables, cette marche uniforme & constante serait, à coup sûr, l'écueil & le tombeau de la LOTERIE. L'Administration n'a pas même l'ombre du doute à cet égard; & la précaution, injuste sans doute & condamnable, qu'elle prend si souvent, contre le texte de la Loi, de *fermer* des Numéros, en est une preuve sans réplique.

§. 20. *Il faut ajouter que telle est la composition insidieuse de cette Loterie; que les combinaisons qui sont les moins défavorables au Public, ne laissant espérer que des Lots peu considérables, le Peuple, uniquement avide de gros Lots, les dédaigne pres-*

§. 20. Rien de plus vrai: mais on ne serait pas pour cela autorisé à rendre, dans le cas présent, la LOTERIE responsable de la folle cupidité du Peuple. Cependant, comme on ne peut disconvenir qu'en alimentant journelle-

que généralement, pour se précipiter avec une fureur aveugle vers celles qui assurent à la Loterie des bénéfices immenses.

ment la cupidité des malheureux, la LOTERIE ne soit une occasion de ruine & de misère pour la classe la plus précieuse & la plus indigente des Citoyens ; il faut chercher les moyens de mettre l'indigent à l'abri d'un jeu qui semble se plaire à lui ravir jusqu'à sa subsistance.

§. 21. *Il faut ajouter que dans la crainte, sans doute, que l'intervalle d'un mois entre deux Tirages, ne refroidît les Joueurs ; pour tenir leurs désirs en haleine, pour accroître leur ardeur par l'espérance d'un prompt retour de fortune, & en effet pour les ruiner avec plus de certitude, on n'a pas craint, par une exception particulière, de doubler le Tirage de cette Loterie dans chaque mois ; & que par-là, on a au moins doublé ses ravages.*

§. 21. Je ne sais si j'ai rencontré juste : mais il me semble que le motif qui a déterminé le Gouvernement à l'établissement de la LOTERIE ROYALE en France, a dû être également celui qui l'a engagé à permettre de procéder deux fois par mois au Tirage de cette LOTERIE. Qui ne voit pas que ce moyen était le dernier que la politique du Souverain pouvait mettre en usage, pour ôter à la fureur des Joueurs, tout prétexte, toute idée d'aller dorénavant, au préjudice de l'État, noyer leurs fonds dans les banques de nos Voisins ?

§. 22. *Il faut ajouter que cette Loterie, par une cruelle complaisance, admettant à-la-fois, & les*

§. 22. Cette complaisance, de la part de la LOTERIE, est toute à l'avantage des Action-

Mises les plus modérées & des sommes considérables sur une seule combinaison, sur un seul Numéro, semble avoir été inventée pour se jouer, & de la misère des pauvres, & de la fortune des riches.

naires, & prouve d'ailleurs la pureté des intentions de son Instituteur politique. En effet, si chaque chance avait sa Mise particulière, invariable & irrévocablement fixée, la LOTERIE serait pour l'indigent, comme pour le Citoyen aisé & le Millionnaire, un véritable *coupe-gorge*. Ceux qui auraient la manie d'une semblable LOTERIE, seraient, mais sans proportion de parité, dans le cas de toute une Compagnie, dont les Individus ponteraient, chacun en son particulier, une somme déterminée au jeu du *Vingt-&-un*, sans que le Tailleur ou le Banquier permît jamais à aucun des Joueurs de suivre dans sa Mise, suivant la faveur ou la défaveur de son jeu, cette progression arithmétique, sans laquelle on finit toujours par jouer à perte.

§. 23. *Et comme si tous ces moyens de séduction ne suffisaient pas, il faut ajouter enfin, qu'on ne cesse d'entretenir l'ivresse générale, en répandant de toutes parts des Livres, des Almanachs, où chacun va chercher les combinaisons les plus superstitieuses ; que l'on corrompt la raison du Peuple par les rêveries des*

§. 23. Voilà le leurre. Mais un manège aussi vil, est trop au-dessous des ressources fiscales d'un Gouvernement bienfesant & éclairé, pour oser penser qu'il puisse y avoir la moindre part. Prenez-vous-en, Monseigneur, à la démence de quelques cerveaux fêlés, à l'oisiveté de quelques misérables barbouil-

pressentimens, par l'absurde interprétation des songes; qu'on enflamme son imagination par mille récits mensongers, & que l'on achève de l'étourdir par des provocations bruyantes, par des cris extravagans, par des ornemens de fêtes, par le son des instrumens, par le bruit des fanfares, &c.

leurs de papier, qui meurent de faim : prénez-vous-en, vous le pouvez, à la cupidité de quelques Receveurs de la LOTERIE, qui, pour *faire venir*, comme dit le Proverbe, *l'eau à leur moulin*, étalent à l'envi, aux yeux des passans, une longue liste de Lots gagnans, qui souvent est aussi fausse ou du moins aussi douteuse, que leur avidité est bien connue.

§. 24. *Ainsi les pièges sont semés de toutes parts sous les pas de l'ignorance; ainsi la ruse succède à la ruse; ainsi rien n'est épargné pour séduire toutes les classes des Citoyens, & sur-tout pour tromper le Pauvre, que des ruses bien moins savantes eussent si facilement égaré dans les routes de l'espérance. Si le malheur est une chose sacrée, quel crime n'est-ce pas d'abuser ainsi de sa crédulité & de sa misère!*

§. 24. J'ai reconnu (§. 20.) la nécessité de soustraire le Peuple, & spécialement les malheureux, à l'appas d'un jeu qui, en mettant le comble à leur misère, peut, en effet, les jetter dans le désespoir, ou les rendre les fléaux de la Société. Le moyen en est aisé. Sans supprimer la LOTERIE ROYALE, supprimez seulement tout ce qui, dans cette LOTERIE, est séduisant pour le Peuple; je veux dire, les cinq Chances qui, pour quelques pièces de monnaie, promettent des sommes si considérables. Réduite alors à l'*Extrait simple* & à l'*Extrait déterminé*, la LOTERIE ne comptera plus parmi ses Actionnaires cette foule de malheureux qui venaient avidement, deux fois par mois, échanger contre un Billet fatal, & des espérances vaines, le faible prix de leurs sueurs & de leur subsistance.

§. 25. *Et voilà cette Loterie, qui subsiste avec éclat, dans le même lieu où la surveillance paternelle du Roi a sévèrement proscrit tous les Jeux de hasard à* CHANCES INÉGALES! *Créée sous le nom d'un établissement célèbre, elle fit d'abord, en partie, les frais de l'éducation Militaire; & l'on vit une École, faite pour inspirer des sentimens d'honneur, entretenue du produit d'une Institution que le véritable honneur réprouvait. Lorsque ensuite ses bénéfices se furent accrus au-delà de toute espérance, alors elle passa toute entière dans les mains du Gouvernement: un Jeu de hasard devint une branche des revenus publics, & l'on s'accoutuma à cette étrange métamorphose, en se persua-*

§. 25. Si vous isolez chaque Tirage de la LOTERIE, il n'est pas possible que ce Jeu ne vous présente, dans ses Chances, une inégalité révoltante. Mais considérez, comme cela doit être, l'ensemble, ou mieux encore, la succession des Tirages; alors tout rentre dans l'ordre, & cette inégalité de Chances disparaît. Je m'explique: l'avantage réel qu'à sur moi la LOTERIE à un Tirage donné, elle le perd dans les Tirages subséquens, par la facilité que m'accorde la Loi de suivre, dans la série de mes *Paris*, une progression raisonnée, qui me rend, avec usure, la totalité de mes Mises.

Qu'on juge s'il est encore besoin de se mettre

dant follement que la Loterie pouvait être regardée comme un impôt libre & volontaire.

en frais de raisonnemens, pour innocenter un Jeu aussi sagement combiné; un jeu qui présente, aux yeux de la saine Politique, son excuse dans le motif même de son établissement. Une École fameuse, qui est en possession de donner à l'Europe l'exemple du véritable honneur, l'École militaire, ne se serait pas attendue, sans doute, qu'un Prélat lui reprocherait un jour publiquement d'avoir été, pendant près du quart d'un siècle, *entretenue du produit d'une institution que le véritable honneur réprouvait.*

§. 26. *Un impôt! Quel impôt que celui qui ne peut être prélevé qu'autant qu'on égare la raison des Peuples! Quel impôt que celui qui fonde ses plus grands produits sur le délire ou sur le désespoir! Quel impôt que celui que le plus riche Propriétaire est dispensé de payer, & que les hommes vraiment sages, que les meilleurs Citoyens ne payeront jamais! Un impôt libre!... Étrange liberté que celle qu'on suppose exister au milieu des amorces les plus séduisantes! Chaque jour, à chaque instant du jour, on crie au Peuple qu'il ne*

§. 26. Oui, Monseigneur, c'est un impôt, un impôt parfaitement libre & volontaire, ou cet axiôme, reçu en Jurisprudence, comme en Morale & en Théologie, est faux : *Volenti non fit injuria.* Ce n'est point faire de tort à quelqu'un, que de le laisser maître de ses actions. On a beau me crier avec une voix de STENTOR : *Voilà le gros Lot : qui-est-ce qui veut le gros Lot?* Le misérable sans chemise, qui m'annonce aussi bruyamment ce qu'il ferait mieux de garder pour lui-même, ne me fait pas plus de

tient qu'à lui de s'enrichir avec un peu d'argent ; on propose un million pour vingt sols au malheureux qui ne sait pas compter, & qui manque du nécessaire ; & le sacrifice qu'il fait à ce fol espoir, du seul argent qui lui reste, est un don libre & volontaire ! C'est un impôt qu'il paye à l'État !

de violence pour prendre son billet, que ne m'en fait, pour acheter son onguent ou son baume, le bouffon ou le Charlatan qui, grimpé sur deux trétaux, m'annonce, en glapissant, le remède à tous nos maux. Ni l'un ni l'autre ne forcent les passans à dégorger sur des Numéros ou sur une affiche pompeuse, l'argent qu'ils ont dans leurs poches. *Qui vult decipi, decipiatur* ; voilà, Monseigneur, à quoi tout cela se réduit.

§. 27. *Non ; toute Loterie n'est & ne peut être qu'un moyen cruellement abusif d'attirer l'argent du Peuple, en se jouant de sa crédulité. Je dis toute Loterie : car celles qui subsistent en France avec la Loterie Royale, sous le nom de* PIÉTÉ *&* des ENFANS-TROUVÉS, *ne peuvent, non plus que leur rivale, échapper à cette juste imputation. Elles sont, il est vrai, moins redoutables qu'elle, parce que leur bénéfice est de beaucoup inférieur ; qu'elles n'offrent*

§. 27. Pour prononcer avec certitude, que les LOTERIES, connues sous les noms de PIÉTÉ & des ENFANS-TROUVÉS, sont moins redoutables que la LOTERIE ROYALE, il faudrait (& ce dépouillement n'est pas impossible) relever exactement, d'une part, la masse des Mises faites sur ces trois sortes de jeux, dans les différens Bureaux du Royaume ; & présenter, de l'autre, un relevé fidelle de la masse que peut dégorger respecti-

à l'esprit aucune combinaison qui amorce, & que chaque Numéro ne supporte qu'une Mise modique & constamment la même; mais pourtant elles détournent de sa véritable destination tout l'argent que le Peuple y sacrifie; mais elles font supporter l'entretien des établissemens auxquels elles sont consacrées, à la classe du Peuple qui doit le moins acquitter cette charge; mais enfin le profit certain de l'une & de l'autre est de près de 21 sur 100, ou, plus exactement, de 20 $\frac{5}{6}$ sur 100. Et par toutes ces raisons, ces deux Loteries ne peuvent survivre à la destruction de la Loterie Royale de France.

vement, dans un tems déterminé, chaque espèce de LOTERIE. Je tiens pour certain que, d'après ce tableau comparatif, l'avantage des Joueurs sera plus marqué dans la LOTERIE ROYALE que dans les deux autres. Rendons cette vérité sensible. Je suppose, par exemple, que la recette totale de la LOTERIE ROYALE soit, dans une année, de 150 millions, & que le gain des Actionnaires soit de 138 millions; reste au jeu 12 millions, c'est-à-dire, $\frac{1}{12}$.me & quelque chose de la masse des avances. Je suppose également que la recette totale des deux autres LOTERIES soit, dans le même espace de tems, de 500 milles livres; mais que le bénéfice des *Pontes* ne soit que de 400 milles liv.: reste noyée dans la caisse, la somme de 100 milles livres, c'est-à-dire, le $\frac{1}{5}$.me de la masse des Mises. Or n'est-il pas évident qu'il n'y a point de parité entre ces sortes de jeux, puisque, dans cette supposition, les LOTERIES DE PIÉTÉ & DES ENFANS-TROUVÉS seraient, à l'égard de la

Loterie Royale, comme 30 eſt à 12? Au reſte, ce n'eſt ici qu'un apperçu hypothétique; mais un calcul rigoureux, d'après un dépouillement fidelle des Miſes & des produits, pouſſerait encore plus loin que de 30 à 12 la différence de bénéfice qui réſulte de ces deux ſortes de jeux, en faveur de l'Adminiſtration. Et c'eſt le Peuple, comme vous l'avez fort bien dit, Monſeigneur, oui, c'eſt le Peuple qui, quoique n'ayant rien à perdre, fait cependant ſeul les frais de ce bénéfice! Cette dernière conſidération me parait donc ſuffiſante aux yeux des Repréſentans de la Nation, pour les engager à proſcrire inceſſamment les Loteries connues ſous les noms de Piété & des Enfans-trouvés.

§. 28. *Maintenant, ſera-t-il difficile de prouver que la Loterie, & ſurtout la Loterie Royale de France, eſt auſſi immorale, auſſi corruptrice, qu'elle eſt injuſte?*

§. 28. Dans votre thèſe, tout cela, Monſeigneur, va couler de ſource; mais dans la mienne, les choſes ſe préſentent ſous un aſpect bien différent.

§. 29. *N'eſt-il pas évident qu'un jeu qui allume juſqu'au délire la cupidité de la multitude, qui faſcine l'eſprit du Peuple juſqu'à lui perſuader qu'infailliblement il trouvera pour prix de ſa perſévérance, je ne dis pas ſeulement le moyen d'améliorer ſon état, mais celui d'en ſortir tout-à-coup par une*

§. 29. Les Chances connues ſous les noms d'*Ambes*, de *Terne*, de *Quaterne* & de *Quine*, ſont les ſeules qui, de votre aveu (§. 20.), Monſeigneur, nourriſſent l'ambition inſenſée du peuple: ce ſont elles qui lui donnent l'eſpérance de faire une fortune immenſe & ſubite: eh

*fortune immense (car c'est toujours là l'ambition insensée du Peuple) ; n'est-il pas évident que ce jeu, après lui avoir ravi tout le fruit de ses épargnes, tout l'argent qu'il possède, le livre à chaque instant à la tentation d'en obtenir par toutes sortes de voies ? Car il ne faut pas perdre de vue que par une suite presque nécessaire de l'artificieuse combinaison de cette Loterie, celui qui d'abord n'a risqué que des Mises légères, se trouve bientôt entraîné dans des Mises considérables ; que victime de l'illusion la plus folle ; & pourtant la plus ordinaire, il s'attache d'autant plus à une combinaison, que plus long-tems elle lui a été funeste ; qu'il se regarde même comme obligé à de nouveaux sacrifices, pour ne pas perdre le fruit des anciens ; qu'en conséquence, il charge & recharge sans cesse les mêmes Numéros, dans l'intime persuasion qu'ils céderont enfin à sa persé-*bien, supprimez-les ; & je vous promets qu'alors l'impossibilité de pouvoir atteindre à l'*Extrait*, sur lequel il ne joue jamais, fera oublier au Peuple jusqu'au nom de la LOTERIE ROYALE DE FRANCE.

Après n'avoir d'abord risqué que des Mises légères, on se trouve, dites-vous, bientôt entraîné dans des Mises considérables. Cela n'est applicable, pour l'homme opulent & le Citoyen aisé, qu'à l'*Extrait simple*, puisque les autres Chances, à moins qu'elles ne soient combinées sur un très-grand nombre de Numéros, n'obligent jamais, comme cette première chance, à des Mises plus ou moins proportionnées à la quotité des Tirages dont on a déjà couru les hasards. Développons cette proposition. Des cinq chances proscrites en faveur du Peuple, j'adopte les quatre dernières, & je les combine sur cinq

vérance, & que, par l'ancienneté de leur sortie, ils acquièrent, chaque jour, de nouveaux titres pour reparaître avant les autres : comme si dans un pareil jeu, l'avenir pouvait, en quelque manière, dépendre du passé; que des billets toujours les mêmes, agités au hasard, fussent contraints dans leurs mouvemens par les Tirages précédens, & qu'un Numéro, parce qu'il n'a pas paru depuis un certain nombre de Tirages, dût plus facilement que tout autre en particulier, s'offrir au Tirage suivant sous la main indifférente de l'Enfant qui va les prendre. De-là, presque nécessairement après chaque Tirage, des fraudes, des injustices, des infidélités sans nombre, pour ravoir un argent plus que jamais indispensable, ou même pour satisfaire cette insatiable passion, que le malheur n'a fait qu'irriter. Par elle, chaque jour les Enfans deviennent furti-

Numéros seulement. Je puis *ponter* sur la 1.re 27, sur la 2.me 550, sur la 3.me 18,750, sur la dernière enfin 1 million de Tirages de suite, sans être obligé, pour récupérer la masse de mes avances partielles, sur chacune de ces chances, de jamais doubler ma Mise.

Quant à l'*Extrait simple*, c'est autre chose. Il veut, il est vrai, dans les Mises, une progression graduée, en raison du nombre des Numéros qu'on adopte. Vous gémissez sur cette progression, & vous prétendez que le *Ponte*, qui ne veut pas perdre le fruit de ses premières avances, ne fait que s'imposer, en pure perte, par sa folle constance, de nouveaux sacrifices. Je me crois toujours fondé à vous nier encore affirmativement (§. 10.) une assertion aussi gratuite. Car enfin, quand je parie pour l'*Extrait* sur 5 Numéros, par exem-

vement coupables envers leurs parens, les époux envers les épouſes, les domeſtiques envers les maîtres; &, ce qui fait frémir, c'eſt qu'il eſt bien reconnu qu'un grand nombre d'entre eux avaient vécu irréprochables juſqu'au moment où ils ſe ſont abandonnés à la déplorable paſſion de ce jeu.

ple, je ne parie pas excluſivement pour tel ou tel Numéro; autrement, je m'en ſerais tenu à ce Numéro-là ſeul; mais je parie ſur l'enſemble de mon jeu. Alors, quelque ſoit le Numéro qui ſorte, au bout de 8, 10 ou 12 Tirages; ſi j'ai, à chaque pari, doublé ma Miſe, je retire toutes mes avances, & $\frac{1}{2}$ en ſus de bénéfice; c'eſt-à-dire, que, dans la ſuppoſition où ce jeu parlerait au 12.me Tirage, il me rend, avec la ſomme de 10,237 liv. 10 ſols, maſſe totale de mes avances, celle de 5,122 liv. 10 ſols de bénéfice; & dans le cas où il me ſortirait deux *Extraits*, ce qui, ſur cinq Numéros, n'eſt pas rare dans cette Chance, j'emporte de bénéfice net la ſomme de 20,482 liv. 10 ſols; c'eſt-à-dire, plus que le double du total de mes douze Miſes réunies. Et voilà le jeu, Monſeigneur, qui, par le principe d'injuſtice uſuraire, qui le caractériſe, fait l'opprobre du Gouvernement Français!

§. 30. *N'eſt-il pas évident que lors même que la Loterie ne précipite pas dans le crime, ſon effet habituel eſt de rendre au Peuple ſa condition inſupportable; de relâcher dans ſa famille les liens domeſtiques, ſi néceſſaires*

§. 30. Quand j'ai lu & relu ce paragraphe & la fin du dernier, je m'écrie, dans l'enthouſiaſme: voilà qui eſt beau! Mais la réflexion me dit auſſitôt, cela n'eſt pas vrai; c'eſt l'hyperbole, ou plutôt, la fameuſe conglobation de

à son bonheur; d'éteindre en lui les goûts honnêtes, toute émulation louable, tout esprit d'ordre, d'économie, tout amour du travail. Voyez comme le Marchand est détourné de son commerce; l'Ouvrier, de ses travaux; la Mère, du soin de ses enfans, dont les cris l'importunent; tout un Peuple, de ses occupations journalières: une pensée unique travaille tous les Esprits; de l'or, des monceaux d'or gagnés sans peine: c'est à cette funeste pensée qu'on livre, deux fois par mois, tous les sujets de l'Etat, & principalement (car on ne peut trop le répéter), ceux à qui le travail & l'économie sont le plus nécessaires, & chez qui le désespoir & la misère ont toujours eu les plus terribles conséquences.

FLÉCHIER: *Turenne meurt, tout se confond; la fortune chancelle, la victoire se lasse, la paix s'éloigne*, &c. &c. Mais, Monseigneur, dans un sujet où les faits doivent venir à l'appui des raisonnemens, & où la démonstration doit marcher côte-à-côte du calcul, pensez-vous que ce soit bien là le cas de se perdre dans des figures de Rhétorique & dans un entassement d'effets sans cause? A vous en croire, la France ne présenterait plus, à l'étonnement du Voyageur, que le spectacle ridicule & révoltant de 8 à 900 coquins occupés à échanger adroitement des carrés de papier contre le numéraire de 24 millions d'hommes, qui tous s'abymeraient, à l'envi les uns des autres, dans les combinaisons d'un *Quaterne* ou d'un *Quine*.

Je serais peut-être encore fondé à vous observer, Monseigneur, qu'une pensée dont l'objet est de *l'or, des monceaux d'or gagnés sans peine*, n'est point du-tout une pensée *funeste*: elle n'a, au contraire, rien que de séduisant; & l'évènement peut, tout au plus, prouver dans le cas présent, qu'elle était illusoire.

§. 31. *N'est-il pas évident enfin que la Loterie est, de tous les jeux réprouvés, celui qui insulte le plus ouvertement aux mœurs publiques? Car, dans les maisons de jeu, même les plus décriées; dans ces maisons, où une jeunesse imprudente va perdre, souvent sans retour, ses mœurs & ses principes, & où tous les cœurs semblent fermés à la pitié; soit fierté, soit un reste de pudeur, du-moins on rougirait d'admettre le pauvre couvert des lambeaux de la misère, qui viendrait compromettre les faibles ressources de son existence; & c'est particulièrement sur les malheureux que la Loterie, plus impitoyable, fonde ses espérances. Non contente de recevoir de leurs mains, lorsqu'ils se présentent, quelques pièces de monnaie qu'ils se volent, en quelque sorte, à eux-mêmes, elle s'empresse d'aller au-*

§. 31. Rien de plus évident que la fausseté de cette inculpation, fondée encore sur une comparaison dont j'ai déjà (§. 16.) fait sentir tout l'odieux, & dont on remarque ici tout-à-la-fois & l'injustice & le néant. En effet, si le pauvre, couvert des lambeaux de la misère, n'est point admis dans les maisons de jeu, les plus décriées, à compromettre les faibles ressources de son existence (Pourquoi donc placer ici, M.gr, cette expression impropre, *compromettre*? Est-ce que votre Grandeur n'aurait pas senti que *risquer* ou *hasarder* étaient les seuls termes dont la pureté du langage vous permettait le choix?); la cause en est, Monseigneur, dans la faiblesse même des ressources de cet indigent, dont tout l'avoir ne pourrait le faire atteindre à une seule des Mises

devant d'eux ; elle les appelle ; elle les presse ; elle les sollicite ; elle les poursuit dans les Campagnes ; elle pénètre jusque dans leur réduit, & par mille séductions, elle parvient à leur faire une véritable violence.

en jeu des Parieurs ; & non pas dans une fierté imaginaire, ou dans un reste de pudeur qui perd jusqu'à son nom dans ces lieux d'horreur & d'abomination. Donnez à l'un de ces malheureux, dont la presque nudité fait la honte & l'opprobre de l'humanité ; donnez-lui quelques pièces d'or ; & vous le verrez aussitôt reçu, avec transport, dans les Académies où président tant d'ames de boue ; & soyez bien certain qu'elles ne laisseront échapper leur proie que lorsqu'elles lui auront, pour ainsi dire, dévoré les entrailles :

Non missura cutem, nisi plena cruoris hirudo.

En ajoutant, pour arrondir & completter votre hyperbole, que la Loterie poursuit les malheureux dans les Campagnes, qu'elle pénètre jusque dans leur réduit ; votre intention était, sans doute, d'exciter mon indignation contre cette vile ressource du fisc : dans ce cas-là, vous êtes resté bien en-deçà de votre but ; car, au lieu de m'indigner, vous me faites rire.

§. 32. *Depuis long-tems le Gouvernement travaille à extirper un des maux les plus funestes des grands Etats, la Mendicité ; & il n'est point de Citoyen qui n'ait applaudi dans son cœur à ces vues pures & bienfesantes : mais si la*

§. 32. Il paraît, Monseigneur, que je ne serai plus désormais occupé qu'à ramener à leurs justes dimensions de petits objets que votre Grandeur n'a vu qu'à travers un microscope. Parce que votre imagination voit

Loterie subsiste toujours ; si plusieurs fois par mois, la classe la plus malheureuse parmi les Citoyens, est sollicitée par des amorces presque irrésistibles ; à sacrifier dans ce jeu perfide tout ce qu'elle possède, & souvent bien plus qu'elle ne possède ; il est rigoureusement démontré que le vice de la Mendicité devient entièrement irremédiable ; qu'étant le fruit naturel de la misère & de la paresse, il doit nécessairement se perpétuer & s'accroître par une institution qui, en même tems qu'elle ruine tant de malheureux, leur inspire un dégoût invincible pour le travail, & que parconséquent la Loterie Royale de France en fera toujours plus en un mois pour conserver la Mendicité, que n'en feront dans plusieurs années les efforts les mieux concertés de l'Administration pour la détruire. Et si parmi tous ceux que la Loterie dépouille, plusieurs résistent

plusieurs fois, au lieu de deux fois seulement par mois, tout un peuple sollicité, forcé de sacrifier à la LOTERIE, tout ce qu'il possède, & souvent bien plus qu'il ne possède ; vous en concluez que ce jeu perfide est une des causes exclusives de la mendicité ; & il est, dites-vous, rigoureusement démontré que ce fléau, l'un des maux les plus funestes des grands Etats, ne peut avoir de terme que dans la suppression de la LOTERIE. A merveille, s'il en était ainsi ; mais il n'en est rien du-tout. On n'ignore pas qu'il y a des Mendians qui jouent à la LOTERIE : mais est-ce la LOTERIE qui a réduit ces individus à l'état de mendicité ? non ; & j'affirmerais volontiers que, quoique cet établissement ait été funeste à plusieurs particuliers, cependant il n'a peut-être pas encore, depuis plus de 30 ans qu'il existe, augmenté

à la tentation d'augmenter la foule des Mendians ; il est également certain qu'ils sont du-moins réservés à devenir un jour les fardeaux de la société, puisqu'en leur ravissant tout le fruit de leur économie dans le tems du travail, la Loterie nécessairement en surcharge les Hôpitaux dans le tems de leur vieillesse.

de deux Mendians seulement le nombre de ceux qui infestent le Royaume. Une preuve, entre autres, Monseigneur, qu'il pourrait bien n'être que pour vous seul rigoureusement démontré que le vice de la mendicité devient entièrement irrémédiable, tant qu'on laissera subsister les LOTERIES, c'est que tout un corps littéraire, une Académie a proposé, dans un Ouvrage goûté du Public, comme un des moyens victorieux de détruire la Mendicité, celui-là même que vous regardez comme une des causes premières de ce fléau : elle a proposé au Gouvernement l'établissement des LOTERIES PROVINCIALES. Une Académie, sans doute, n'est pas infaillible ; mais du-moins son autorité peut bien, je crois, sans faire insulte à votre Grandeur, contre-balancer ici la vôtre.

§. 33. *Mais ce n'est pas seulement dans la famille du pauvre & dans la classe du Peuple, que la passion de la Loterie fait de terribles ravages ; elle est aussi une source féconde de malheurs dans les classes plus élevées de la Société : & par combien de faits déplorables n'en avons-nous pas ac-*

§. 33. Pour deux ou trois malheureux Caissiers qui, peut-être, n'ont dû évidemment le désastre de leur fortune qu'à la passion de la LOTERIE, à laquelle ils ne se seraient pas moins ruinés chez l'Etranger, quand même ils n'auraient pas trouvé chez nous de quoi

quis la preuve ! Combien d'hommes attachés à des maiſons de Commerce, à des caiſſes de gens d'affaires; combien de Particuliers chargés d'une grande comptabilité, ont diſparu ſubitement de nos jours, en jettant le déſeſpoir dans l'ame de leurs Commettans, & l'effroi dans le ſein de leurs familles ! Quels étaient donc les déportemens de ces hommes dont ſouvent la vie entière montrait de la ſageſſe, de l'intégrité, & dont les mœurs pures ſemblaient interdire tout ſoupçon d'inconduite ! Long-tems, les recherches ont été vaines; toutes les traces ſemblaient avoir diſparu; on s'égarait en conjectures, lorſqu'enfin un amas de billets déchirés & découverts par haſard, a décelé la cauſe de tant de malheurs.

ſe ſatisfaire à cet égard ; eſt-il juſte, encore une fois, Monſeigneur, eſt-il raiſonnable de mettre ſur le compte de nos LOTERIES la ruine de tous les Commerçans, de tous les gens d'affaires & de tant de Particuliers chargés d'une grande comptabilité ? Mais le haſard a fait découvrir chez ces infortunés un amas de billets déchirés : en faut-il davantage pour déceler la cauſe de leurs malheurs ? Cet amas de billets, eſt une préſomption, un indice ; mais ce n'eſt pas une preuve. J'ai dans mes tiroirs pour 1 million de billets perdans : dira-t-on que j'ai perdu 1 million à la LOTERIE, moi dont la fortune n'était, dans le principe, que de 50 mille livres ? Ces billets me ſont reſtés, parce qu'ils ne valaient rien ; cela eſt tout ſimple : mais vous ne voyez pas ceux qui étaient bons ; je n'ai pu ni dû les garder, puiſque c'était le ſeul titre ſur lequel l'Adminiſtration devait me payer.

§. 34. *Peut-on, après tant d'exemples de ce genre, s'étonner de l'esprit de méfiance qui, de plus en plus, ferme les cœurs, isole les Particuliers, & engourdit la Société? Depuis que l'on sait, qu'il existe un moyen ténébreux de dissipation & de ruine, qui souvent a séduit des ames vertueuses, la confiance de Citoyen à Citoyen a dû nécessairement s'affaiblir. La conduite extérieure, une bonne renommée, ne sont plus des garans qui rassurent entièrement; & si l'honnête homme devient suspect à l'honnête homme, il n'a pas même le droit de s'irriter de ce soupçon: car que pourrait-il opposer au sentiment inquiet qui le fait naître! Tous les autres vices qui tendent à subvertir les fortunes, sont annoncés par des caractères sensibles; les parens, les amis, l'œil sévère & vigilant du Public peuvent en imposer; la destruction s'annonce par degrés; elle*

§. 34. Toute la pompe de ces phrases sonores se réduit à nous apprendre qu'on n'ouvre pas volontiers sa bourse à un homme qu'on soupçonne de jouer ou de se ruiner à la LOTERIE. Il me semble qu'une idée aussi simple, n'exigeait pas tout cet appareil de mots: c'est faire jouer l'Artillerie pour abattre ...... une *butte*. Mais si vous avez voulu de ce qui n'est qu'exception, faire la règle générale; si vous prétendez, par exemple, que tous les hommes ne voient plus, les uns dans les autres, que des dupes qui, en se livrant à la confiance réciproque, qui fait l'ame & le lien de la Société civile, risqueraient leur repos, leur aisance, leur fortune; & des fourbes qui, sous prétexte de besoins momentanées, ou de secours nécessités par des vues d'agrandissement ou de Commerce, cherchent encore, après avoir ab-

peut quelquefois être arrêtée ; elle est du-moins toujours prévue. Mais la passion de la Loterie ! nul caractère, nul symptôme ne la fait connaître ; elle se dérobe à tous les regards ; elle fuit même ceux de l'amitié ; car quel homme osa jamais confier à son ami les sacrifices insensés qu'il fesait à cette passion ? C'est une plaie intérieure & profonde, qui ne devient visible que lorsque le mal est sans remède : on ne peut, par aucun moyen, discerner ceux qui en sont frappés ; & une grande défiance est l'effet inévitable de cette affligeante incertitude.

§. 35. *Il est donc vrai que, dans toutes les classes de la Société, la Loterie fait sentir sa coupable influence ; qu'elle atteint ceux-là même qui ont su résister à ses séductions ; & que par-tout elle sème le trouble, le désordre, la méfiance, le désespoir, & souvent même les plus grands crimes ; car s'il est*

sorbé leur numéraire, à risquer à la LOTERIE, contre tous les principes de l'honneur & de la probité, celui de leurs parens, de leurs amis, de leurs Concitoyens : Je vous demande, Monseigneur, ce que c'est qu'une prétention de cette nature ? Je me garderai bien de la juger ; elle vous appartient ; & c'est à ce titre que je vous l'abandonne, persuadé qu'après y avoir réfléchi, vous en ferez, *in petto*, le généreux sacrifice.

§. 35. La LOTERIE fait des victimes, & des victimes par milliers, dans toutes les classes de la Société : peut-on outrager aussi indécemment la vérité & l'expérience ! Elle sème le trouble, le désordre, le désespoir jusque parmi les ames honnêtes, qui ont su résister à ses séductions.

incontestable que presque tous les crimes sont dus à la cupidité, n'est-ce pas une conséquence nécessaire qu'un grand nombre a dû naître d'une institution qui sans cesse & l'irrite & la trompe ? Que l'on invoque le témoignage des Magistrats ; que l'on s'adresse aux Ministres de la Religion : ils diront tous, combien elle a précipité de malheureux dans les cachots ; combien elle a grossi le nombre des Criminels publics ; combien d'hommes enfin ont péri dans les derniers supplices, qui eussent vécu bons Peres, bons Maris, bons Citoyens, si la Loterie Royale de France n'eut jamais existé.

Mais la LOTERIE ne peut atteindre ceux-là même qui savent résister à ses coupables amorces, qu'en leur ravissant des fonds qu'ils auraient la malheureuse complaisance de prêter à des hommes passionnés pour ce Jeu : & vous venez de nous dire que l'esprit de méfiance avait fermé les cœurs, isolé les Particuliers, & engourdi la Société. Dès-lors, je ne puis plus voir parmi les hommes sages, ni dupes ni victimes. Soyez donc, une fois, Monseigneur, conséquent avec vous-même, & comme dit le Poëte :

Aimez donc la raison, que toujours vos écrits
Empruntent d'elle seule & leur lustre & leur prix.

Enfin, vous croyez avoir prouvé, d'une maniere victorieuse, que la LOTERIE est une des sources les plus fécondes des crimes publics, quand vous nous dites d'invoquer le témoignage des Magistrats & celui des Ministres de la Religion : eh bien, sachez, Monseigneur, que les uns & les autres ont été plus qu'étonnés de trouver dans votre Ouvrage un moyen aussi nul que celui-là, pour la proscription de la LOTERIE ROYALE DE FRANCE.

§. 36. *Pourrait-on ne pas déplorer ici une désastrueuse calamité qui fait verser tant de larmes à la Religion & à la Patrie ! Ce dégoût affreux de la vie qui brave toutes les Lois ; cette maladie terrible qui semblait nous être si étrangère, paraît, depuis peu, comme naturalisée dans nos climats. Que de ravages n'a-t-elle pas faits dans ces dernières années ! Avec quelle effrayante rapidité ne se sont pas succédés, sous nos yeux, tous les genres de Suicide ! Jusque-là même que ces événemens qui, jadis, jettaient l'épouvante dans toute une Ville, & laissaient dans les esprits une longue & profonde impression, semblent, par leur fréquent retour, avoir perdu le droit d'émouvoir la multitude.*

Parmi les causes de cette révolution, la Loterie, n'en doutons point, doit occuper un des premiers

§. 36. Après avoir mis sur le compte de la LOTERIE, tous les crimes qui peuvent naître de la cupidité, rarement satisfaite & souvent trompée, vous auriez omis l'essentiel, Monseigneur, si vous ne lui aviez pas encore inputé le plus lâche des forfaits, le suicide. Et certes, il ne manquait plus que ce dernier trait à la caricature de votre tableau. On connaît, sans doute, les progrès rapides qu'a faits, depuis quelques années, en France, une maladie qui, des bords de la Tamise, où elle a pris naissance, a propagé sa funeste contagion jusque sur toutes les parties du Globe. Mais où avez-vous pris les faits nombreux qui prouvent irrésistiblement que la LOTERIE est, chez nous, un des plus puissans véhicules de la contagion de cette terrible maladie? Cent mille

miers rangs. Des faits nombreux que cent mille voix ont publiés, en sont la preuve irrésistible. Et qui oserait s'en étonner! Que l'on se représente tous ces malheureux que, de piège en piège, la Loterie a enfin précipités dans la misère, dévorés de chagrins, tourmentés de remords, & qui, trop honnêtes peut-être pour tenter des ressources coupables, en devenant criminels sur autrui, trouvent jusque dans une apparente vertu, le prétexte de l'être sur eux-mêmes. Que l'on se peigne sur-tout un Père désolé, que la Loterie a conduit au terme fatal où, par aucune voie, il ne peut échapper à l'indigence qui va frapper en même tems toute sa famille; & l'on frémira du parti désespéré dans lequel la Loterie peut si facilement entraîner. Aussi la voix publique est-elle toujours prête à l'accuser de ces malheurs. Un homme s'est-il donné la mort? interrogez voix les ont publiés: mais qu'est-ce que cent, qu'est-ce que trois cents mille voix qui donnent à un propos vague, à une conjecture, à un simple doute, l'air & l'assurance d'une vérité? Et depuis quand est-on convenu que, pour prouver un fait contesté, un million d'échos serait admis à faire autorité?

N'allons pas cependant, pour combattre une exagération, donner atteinte à une vérité de fait: débarrassons-la seulement des accessoires mensongers dans lesquels l'Auteur l'a, pour ainsi dire, étouffée. Oui, Monseigneur, il est de notoriété publique que quelques malheureux, égarés par la passion de la LOTERIE, & désespérés d'y avoir englouti leur fortune, n'ont pu survivre à leur misère, & que, pour se soustraire à l'avenir affreux qui semblait les menacer, ils ont été assez lâches pour se donner la mort. Mais com-

le Peuple : c'est la Loterie qui la perdu, vous dira-t-il, le plus souvent. Voilà le cri général. Dès qu'on ignore la cause, c'est presque toujours la première qui s'offre à l'esprit : tant il est reconnu que la Loterie est un des principes les plus féconds de ces événemens déplorables ! Et cependant ce même Peuple, par un étrange aveuglement, que nourrissent sans cesse en lui, les funestes illusions de la Loterie, va tranquillement après compromettre, dans ce Jeu cruel, son repos, son aisance & son bonheur. Cette Institution est tellement incompatible avec toute idée de bien, que les malheurs qu'elle enfante, n'ont pas même le triste avantage de devenir jamais une leçon utile.

§. 37. *Quels sont donc les titres qui parlent en*

bien peut-on compter de Suicides de ce genre dans la révolution de plus de trente années ? Pas un, que je sache, dans nos Villes de Provinces, & deux ou trois, peut-être, sur des milliers, dans la Capitale du Royaume. Si la LOTERIE n'eut pas existé, ce double, ce triple Suicide n'aurait pas fait verser des larmes à la Religion & à la Patrie ; en faut-il d'avantage pour proscrire cette funeste Institution ? Mais, & faut-il donc toujours vous le redire ? les LOTERIES existaient, elles existent encore chez nos Voisins ; & la ruine rapide de ces Joueurs forcenés, n'aurait pas moins, par un dégoût affreux de la vie, mis le comble à leur désespoir.

Voyons maintenant si la LOTERIE ROYALE DE FRANCE est, en effet, incompatible avec toute idée de bien.

§. 37. On nous demande quels sont les titres qui

faveur de la Loterie ? Par quels biens, par quels avantages peut-elle expier tant de malheurs ? Quelle est du-moins l'apparente utilité qui puisse lui faire pardonner cette foule de maux qu'elle traîne à sa suite ? Osera-t-on dire que si elle ruine un grand nombre de Joueurs, plusieurs aussi trouvent en elle leur fortune & leur bonheur ? Sans doute, on peut citer un petit nombre de Particuliers qui ont gagné des lots considérables ; mais cette faveur-là même, à quoi sert-elle le plus souvent ? à irriter la cupidité du Joueur, à augmenter son fol espoir, à accroître son imprudente crédulité. Dès-lors il se regarde comme appellé à une fortune sans bornes : & qui pourrait y mettre obstacle ? Sa destinée la lui promet ; son étoile va infailliblement l'y conduire... C'est ainsi que l'égare la superstition la plus grossière, & que sa ruine, reculée de quelques instans, en

parlent en faveur de la LOTERIE ? Je ne dirai pas que ce sont les gains isolés que peuvent faire à ce Jeu, quelques heureux Actionnaires, dont la constance, après tout, ne pouvait manquer d'être couronnée du succès : la fortune & la ruine de plus ou moins de Particuliers, doivent disparaître dans la balance de l'intérêt général d'une grande Nation. Mais je dirai que la conservation, en France, de notre numéraire, est un bienfait de cette Institution, sur lequel aucun des inconvéniens inséparables des LOTERIES, ne peut fermer les yeux au vrai Politique, ni même au Moraliste judicieux. Quel est le motif qui vient de déterminer les sages Représentans de la Nation à nous délivrer enfin d'un joug que nous avait imposé, depuis plusieurs siècles, l'avidité de la Cour de Rome ? point d'autres que celui de con-

devient toujours plus certaine. On assure que dans le pays où ce Jeu a pris naissance, en Italie, c'est une malédiction populaire de souhaiter un Terne *à ses Ennemis. C'est que l'expérience a fait connaître que les Lots ne sont que des présens illusoires; qu'ils sont même l'amorce la plus redoutable; que, bientôt rentrés dans les mains de la Loterie, ils entraînent avec eux le bien de l'imprudent Joueur, & que par-là les faveurs de ce Jeu deviennent plus cruelles encore que ses disgraces.*

Et quand les bienfaits de la Loterie ne retourneraient pas ainsi à leurs sources, oserait-on célébrer les prétendus heureux qu'elle fait? Pourrait-on ne pas gémir sur le scandale de sa faveur, sur la publique immoralité de ses dons? Et en voyant ces fortunes inopinées se précipiter tout-à-coup au sein de l'indigence, étourdir le pauvre, bien loin de le server des fonds dont la France sent, plus que jamais, l'impérieux besoin. S'il était ridicule & honteux d'échanger, en Italie, notre or contre le plomb de Rome; ne serait-ce pas le comble de l'extravagance & du délire d'aller aujourd'hui échanger, tous les mois, une partie de notre numéraire contre des espérances, ou, ce qui revient au même, contre de malheureux billets de LOTERIE, que nous expédieraient, à l'envi, les banques de *Gênes*, de *Venise*, de *Rome* & de *Naples*, &c?

Mais enfin, dites-vous, les bienfaits de la LOTERIE étourdissent le Citoyen, sans le rendre heureux; ils exaltent son imagination jusqu'à la démence; & bientôt ne connaissant plus de bornes dans sa passion pour ce Jeu, il finit par s'y ruiner sans ressource; & c'est ainsi que les faveurs de ce Jeu deviennent

rendre heureux, le plonger dans le vice & dans l'extravagance, & présenter aux yeux d'une multitude avide, des exemples perfides & corrupteurs, ne faudrait-il pas reconnaître que ces aveugles & stupides bienfaits, sont eux-mêmes un des crimes de la Loterie?

plus cruelles encore que ses disgraces. Eh bien, soit; qu'en concluez-vous? qu'il faut détruire les LOTERIES? Elaguez donc aussi toutes les branches du Commerce: faites mieux encore; supprimez le Commerce lui-même; il présente, dans ses différentes parties, les mêmes révolutions. Mais soyons vrais; il n'est pas d'Institution humaine qui n'ait ses avantages: le mal n'est jamais dans la chose, il n'est que dans son abus; &, comme l'a dit un grand Homme, l'abus qu'on fait des meilleures choses, a toujours de fâcheuses conséquences: *Optimarum rerum abusus semper est pessimus.*

Me permettrez-vous, Monseigneur, une petite observation, en passant, sur l'impropriété choquante de ces dernières expressions: *Ne faudrait-il pas reconnaître que ces AVEUGLES & STUPIDES BIENFAITS sont eux-mêmes un des crimes de la Loterie?* En quoi un bienfait peut-il être jamais *aveugle & stupide*? L'usage a consacré la propriété de ces deux mots aux personnes & aux passions exclusivement; & quand on la transporte aux choses, il faut que ces choses soient de nature à pouvoir être personnifiées, ou que du-moins ces choses expriment des actes moraux, dépendans de la volonté de l'homme. Ainsi on dira bien: *obéissance aveugle, soumission aveugle; silence stupide, étonnement stupide*, &c; mais *bienfait aveugle, bienfait stupide* de la LOTERIE, courez après Monseigneur.

§. 38. *L'on s'est permis de dire, on a osé imprimer que la Loterie, quelle que soit sa nature, présente pourtant des consolations au Pauvre; qu'elle est l'unique voie ouverte à une grande fortune; que cette espérance est seule un bonheur qu'on ne doit pas lui ravir; qu'enfin la destruction de la Loterie exciterait infailliblement les regrets de la multitude....* *Etrange renversement de toute raison! La Loterie ne fit-elle qu'entretenir dans la classe du Peuple le désir immodéré d'une fortune rapide; elle mériterait par cela seul, d'être proscrite, parce que ce désir est ennemi de tout bien, & qu'éveillant sans cesse dans l'esprit du Pauvre l'idée d'une richesse imaginaire, elle renfonce à chaque instant dans son cœur le sentiment amer de sa misère. Mais il est démontré que la Loterie est essentiellement vicieuse, & que, sous tous les rapports, elle corrompt le Peuple*

§. 38. La destruction de la LOTERIE exciterait infailliblement les regrets de la multitude: cette vérité, qui est à la lettre, mine, sape & détruit tous les raisonnemens qu'on a pu faire valoir jusqu'ici contre l'odieux, l'injustice & l'immoralité de cette institution politiqne, en faveur de son entier anéantissement. D'ailleurs, une vérité ne se met guères en objection; c'est une mal-adresse, quand on n'a pas une réponse victorieuse à lui opposer: & qu'est-ce qui peut triompher d'une vérité? Serait-ce, dans le cas présent, quelques tirades décousues, ou un amas de lieux communs de morale, plus vuides de sens que ne le sont de réalité les espérances dont se berce le Joueur, de faire tout-à-coup, à la LOTERIE, une fortune brillante? Si le Législateur était obligé de proscrire, dans ses Etats, tout ce qui

& le rend malheureux : qu'importent donc les vains regrets & les folles espérances auxquelles il s'abandonne ? Si, dans son délire, il méconnait ses intérêts, il faut l'y rappeller malgré lui ; il faut travailler à son bonheur, au risque d'essuyer ses premiers murmures ; opposer la sage prévoyance de l'avenir aux illusions du moment, qui l'égarent, & combattre avec une rigueur bienfesante, des désirs qui font nécessairement son malheur.

peut entretenir dans la classe du Peuple le désir d'une élévation soudaine, par la raison que ce désir est ennemi de tout bien ; que de suppressions n'aurait-il pas à faire ? Sans parler de mille autres que celles des différentes branches de l'industrie & du commerce, ne devrait-il pas commencer la régénération de son Royaume, par la suppression des biens Ecclésiastiques ? Quelle perspective de fortune & d'élévation, par exemple, l'Eglise, avant la réforme qui vient de s'opérer dans la réduction de ses graces & de ses nombreux bénéfices, ne présentait-elle pas, en France, à l'ébahissement stupide de la dernière classe du Peuple, comme à la cupidité réfléchie du pauvre Gentillatre !

§. 39. *Gouverner les hommes, c'est connaître leurs vrais besoins, & non pas obéir à leurs caprices déréglés. L'art de gouverner ne serait-il donc plus l'expression de la raison publique, faite pour contenir les écarts de la raison des particuliers ?*

§. 39. Le Monarque peut bien connaître les vrais besoins de ses sujets, & cependant obéir à leurs caprices déréglés : votre définition n'est donc pas juste. Oserais-je encore vous demander, Monseigneur, ce que c'est qu'une *ex-*

preſſion de la raiſon publique, faite pour contenir les écarts de la raiſon des particuliers? *Faite* ſe rapporte-t-il à *expreſſion?* Se rapporte-t-il à *raiſon?* Dans l'un ou l'autre cas, je vous avoue que je ne ſais, en vérité, ce que cela ſignifie. Mais votre Grandeur ſe ſerait-elle bien ici compriſe elle-même? J'en doute, car enfin, comme l'a ſi heureuſement exprimé le Poëte de la raiſon:

Selon que notre idée eſt plus ou moins obſcure,
L'expreſſion la ſuit, ou moins nette, ou plus pure.
Ce que l'on conçoit bien, s'énonce clairement,
Et les mots, pour le dire, arrivent aiſément.

§. 40. *On craint que ſi les Loteries ſont ſupprimées en France, les Joueurs, toujours avides de gain & de fortune, n'ayent recours aux Loteries étrangères, qui par-là, dit-on, s'enrichiront de nos pertes.*

Que ces craintes ſont futiles! Qui ne voit qu'après avoir prononcé la deſtruction des Loteries nationales, le Légiſlateur, libre alors de s'expliquer ſévèrement ſur la perverſité de ce jeu, ſe hâtera de purger ſes Etats de tous débitans de billets étrangers, & de leurs compli-

§. 40. Voilà encore une de ces objections ſans réplique, que la bonne foi n'a dû ni pu paſſer ſous ſilence. Attention, & voyons comment notre Auteur ſaura s'en tirer.

Une défenſe ſévère à tout Banquier de prêter ſon miniſtère pour faciliter les Miſes des Joueurs ſur les Numéros des LOTERIES étrangères; c'eſt donc là, Monſeigneur, votre grand moyen d'empêcher l'exportation de notre numéraire hors du Royaume? Quoi! lorſqu'une loi, qui prononce

ces? Quelle ressource restera-t-il donc à l'avidité des Joueurs? D'envoyer leur argent dans le Pays étranger? Sans doute on ne pensera pas que le Peuple entretienne de pareilles correspondances, & c'est sur-tout le Peuple pour qui la Loterie est un grand fléau. Quant aux autres Joueurs, une défense sévère faite à tout Banquier de prêter son ministère pour ce jeu réprouvé, les mettra dans l'impossibilité de s'y livrer; mais cette précaution-là même sera à peine nécessaire; & lorsque la cause véritable n'existera plus, on ne doit pas craindre de voir s'opérer, en faveur de la Loterie, ce miracle politique, que l'effet subsiste toujours. Qu'il faut peu connaître la nature de l'homme, pour ne pas sentir que la passion de la Loterie tient essentiellement aux Agens qu'on emploie pour le séduire, qu'elle ne captive avec tant d'empire l'imagination, que parce qu'elle parle

la peine de mort, n'est pas même un frein suffisant pour arrêter les grands criminels; vous croyez qu'une simple défense, quelque sévère qu'elle soit, pourra jamais empêcher la France d'être, dans la personne de nombre de Joueurs riches & passionnés, tributaire des États circonvoisins! C'est bien peu connaître soi-même, Monseigneur, & la nature de l'homme, & la violence du penchant irrésistible qui le pousse incessamment vers les choses dont on lui a fait un objet de défense;

Nitimur in vetitum semper, cupimusque negata:

voilà, dans les trois âges de l'homme, le cri moral de tous les siècles. Il est étonnant, Monseigneur, que ce cri ne se soit pas encore fait entendre aux oreilles, ou plutôt à la conscience de votre Grandeur. Cette défense d'ailleurs, que vous

continuellement aux ſens!.. Que l'on ſe hâte donc de fermer ces bureaux nombreux, toujours ouverts, toujours affamés ; qu'il ſoit défendu d'étaler tout cet appareil de billets préparés, de Roues de fortune, ces inſcriptions décevantes, ces rubans enlacés, prétendue livrée de l'eſpérance & du bonheur; qu'on renvoie ces Crieurs publics, dont le langage abſurde diſtrait tous les Citoyens ; que tous ces preſtiges diſparaiſſent ; que toutes ces ruſes s'anéantiſſent, & l'imagination laiſſée à elle ſeule, s'appaiſera bien vîte ; & l'ardeur la plus effrénée ſe diſſipera avec les illuſions qui l'entretiennent.

propoſez ici comme moyen, ſi je vous diſais que le Gouvernement n'a pas même cru, il y a douze ans, qu'il était en ſon pouvoir de la mettreen uſage ? Ne m'en croyez pas? Mais reliſez avec moi le préambule de l'*Arrêt du Conſeil* du 30 Juin 1776, & vous ſerez convaincu. « Sur » ce qui a été repréſenté » au Roi, étant en ſon » Conſeil, que les diffé- » rentes LOTERIES éta- » blies juſqu'à préſent » dans le Royaume, » n'auraient pu empê- » cher ſes ſujets de porter » leurs fonds dans les » pays étrangers, pour » y courir les haſards, & » tenter fortune dans le » jeu des LOTERIES qui y exiſtent : que la LOTE- » RIE que S. M. avait concédée à l'École Royale » Militaire, quoique préſentant au Public un jeu » ſemblable à celles de Rome, Gênes, Veniſe, » Milan, Naples & Vienne en Autriche, n'avait pas » arrêté ce verſement de l'argent du Royaume dans » d'autres LOTERIES étrangères, duquel il réſulte » un préjudice ſenſible pour l'État, & qui mérite » d'autant plus l'attention de S. M., que le mon- » tant, d'après des informations certaines, forme

» un objet considérable, & qu'il ne pourrait qu'augmenter à l'avenir, par les différentes Chances que les États voisins cherchent à mettre dans ces sortes de jeux; elle aurait jugé que la PROHIBITION NE POUVANT ÊTRE EMPLOYÉE CONTRE LES INCONVÉNIENS DE CETTE NATURE, il ne pouvait y avoir d'autre remède que de procurer à ses sujets une nouvelle LOTERIE, &c ».

Si la prohibition pouvait être, en pareil cas, un moyen dans la main du Législateur, croyez-vous donc, Monseigneur, qu'il ne s'en fut pas servi pour empêcher, il y a quelques années, le versement de nos fonds dans la fameuse banque de Venise, dont les moindres actions étaient de 10 mille livres; & dans la caisse pour l'établissement du canal de Mursy, dans laquelle on ne versait pas de Mises au-dessous de 12 cents liv.? Et c'est un moyen aussi étrange, aussi despotique qu'on ose nous proposer, aujourd'hui sur-tout que, graces aux dignes Représentans de la Nation, l'homme, cet être privilégié de la nature, va recouvrer, dans ses biens moraux & dans ses propriétés physiques, toute l'énergie de cette liberté précieuse, dont le régime odieux de la féodalité avait comprimé le ressort depuis tant de siècles!

§. 41. *Ainsi tombent tous les raisonnemens, tous les vains prétextes dont on a voulu pallier les vices de cette Institution. Il faut, sans doute, puisqu'elle subsiste encore malgré tant de titres de proscription, il faut que des*

§. 41. Le profit qui résulte de la LOTERIE pour le Fisc, n'a pas dû, & n'est pas en effet entré en considération dans les motifs déterminans de cette Institution. Le Législateur vous a dit, vous dit encore, & je

motifs d'un autre ordre l'aient protégée jusqu'à ce jour ; il faut que l'on se soit laissé éblouir par l'espèce de profit qui semble en résulter, & qu'on ait été effrayé sur-tout par la difficulté de remplacer ce profit apparent.

Il est pénible de descendre dans la discussion de pareils motifs, après avoir montré l'influence de la Loterie sur les mœurs, la fortune & le bonheur de tant de Citoyens ; mais il importe de dissiper entièrement cette dernière illusion, en réduisant à sa juste valeur ce prétendu bénéfice.

vous le répète, que l'établissement de la LOTERIE ROYALE n'a eu pour objet que d'empêcher plus sûrement l'exportation, si préjudiciable à l'Etat, de l'argent dans les pays étrangers : voilà le texte du préambule de l'*Arrêt du Conseil*, du 30 Juin 1776. Il est donc inutile, Monseigneur, de vous mettre en dépense pour dissiper ce que vous appellez une *dernière illusion* de la part du Gouvernement, mais qui n'est réellement qu'un vain phantôme de votre imagination. Il me semble voir le Héros de *Cervantes* se débattre, jusqu'à perte d'haleine, contre les aîles d'un moulin à vent.

§. 42. *Les Loteries produissent au Trésor Royal environ neuf millions. La recette est beaucoup plus considérable, & s'élève au moins à douze ; mais les frais de toute espèce, sont énormes, & absorbent plus d'un quart de cette recette.*

§. 42. La destruction de nos LOTERIES Nationales, loin d'empêcher, ne ferait au contraire que favoriser, en France, la circulation des billets étrangers : & si la Nation assemblée, séduite par les déclama-

Il y a plus : les Loteries nationales elles-mêmes ne reçoivent pas toutes les Miſes pour leur compte. On ſait qu'il exiſte dans les pays étrangers plus de vingt Loteries qui entretiennent des diſtributeurs de leurs billets à Paris, & lèvent ainſi, tous les mois, un tribut ſur la Nation, en promettant de payer les Chances un peu plus cher que ne fait la Loterie Royale. Ce ſont de nouvelles ſources de miſère & de corruption; & l'Etat n'en ſera délivré qu'au moment où ſera anéantie la Loterie Royale de France, qui protège, à ſon inſçu, tous ces déſordres.

Pour opérer une recette de neuf millions, il faut donc d'abord que le Public ait perdu douze millions; & en n'évaluant qu'à trois millions par an ce qui eſt enlevé par les Loteries étrangères, ou même par des Particuliers qui jouent ſous le manteau de la Loterie Royale (évaluation ſans doute bien modérée), tions auſſi impolitiques qu'ampoulées de Monſeigneur l'Evêque d'Autun, ſe déterminait à anéantir la LOTERIE ROYALE DE FRANCE, la choſe conſidérée ſous ſes vrais rapports moraux & politiques, ce ſerait, dans les circonſtances actuelles, la plaie la plus profonde, peut-être, qu'il ſerait poſſible de faire à l'Etat.

Laiſſons à Sa Grandeur, toujours aux priſes avec ſes illuſions, le ſoin de pouſſer ſérieuſement la gageure juſqu'au bout; & démontrons à l'impartialité de nos Lecteurs que le Gouvernement eſt intéreſſé, non par de miſérables vues fiſcales, mais par l'aiſance générale de ſes Sujets, au maintien de la LOTERIE.

Le Miniſtre immortel à qui la France doit le grand œuvre de ſa régénération, & le bonheur dont elle va enfin jouir, M. NECKER, en expri-

il résulte plus de quinze millions de perte annuelle, perte entièrement incalculable dans sa progression physique & ses conséquences morales, & qui est sacrifiée, contre toute raison, à neuf millions de revenu pour le trésor Royal..... A neuf millions de revenu ! ... Non, je ne crains point d'affirmer que ce revenu n'est point un bénéfice réel; qu'il est entièrement fictif & illusoire, & que la perte de l'aisance générale & du bonheur public est la seule réalité que présente la Loterie. Tout est chimérique ou stérile dans ce funeste Etablissement, depuis les illusions (3) *du Joueur, jusqu'au produit du bénéfice pour le Fisc. Qui pourra calculer les non-valeurs de toute espèce qu'opère la* mant lui-même ses vœux sur l'abolition de la LOTERIE, n'a pu se dissimuler la grandeur des inconvéniens qui pourraient résulter de l'exécution d'une pareille entreprise. « J'ajouterai » cependant, dit-il, » dans son traité *de l'Administration des Finances*, Tom. I. pag. 149, » qu'en adoptant un pareil parti, il faudrait » prendre toutes les précautions nécessaires » pour s'opposer au débit des LOTERIES » étrangères; puisque, » sans cette attention, le » jeu subsisterait en grande partie, & le bénéfice appartiendrait à » d'autres Nations. »

On a déjà donné différens apperçus sur l'éva-

(3) Tout est *chimérique*, depuis les *illusions*, &c. : qu'est-ce donc encore, Monseigneur, que cette étrange *coalition* de mots ? Est-ce que qui dit *chimère*, ne dit pas *illusion*, & *vice versâ*? Souffrez que je corrige ici votre thême : tout est *chimérique* (puisqu'enfin vous le voulez) dans ce funeste établissement, depuis les *espérances* du Joueur, jusqu'au &c.

Loterie ? Combien de millions ſont détruits par ces neuf millions ? Combien de branches de revenu public ſont deſſéchées ? Combien de richeſſes véritables ſont taries dans leur ſource, & par les vices qu'engendre ce fléau, & par la ſtérilité dont il frappe tout ce qu'il touche ? Qu'au lieu d'être diſſipés par le Peuple, & enlevés par les Etrangers, les quinze millions qui ont produit, en apparence, neuf millions au Tréſor de l'Etat, ſoient employés, d'une part, à augmenter les conſommations journalières des Citoyens ; de l'autre, à accroître leurs facultés & leur induſtrie ; n'eſt-il pas ſenſible que, de cette nouvelle & légitime deſtination, le Tréſor public lui-même doit s'enrichir ? N'eſt-il pas inconteſtable qu'il doit en réſulter d'abord une augmentation de revenu public en raiſon d'une plus grande conſommation, & puis un fonds de richeſſe Natio-

luation de la LOTERIE ROYALE & des autres petites LOTERIES du Royaume. En 1784, par exemple, M. NECKER trouvait que leur produit brut pouvait s'élever de 11 à 12 Millions. Mais la révolution de cinq années a ſenſiblement augmenté ce rapport, & dans l'état actuel des choſes, je crois que, ſans parler des autres LOTERIES, on peut évaluer de 16 à 17 millions le produit ſeul de la LOTERIE ROYALE DE FRANCE, ſavoir :

Pour les appointemens des Employés, la ſomme de . . 600 mille livres.

Pour les émolumens des 12 Adminiſtrateurs & du Caiſſier général, celle de . . 600 mille livres.

Pour la retenue de 4 pour 100, qui fait le traitement des 827 Buraliſtes du Royaume, celle de . . 4 millions 962 mille livres.

Et pour le bénéfice du Fiſc, modéré à la ſom-

nale toujours croiſſant par l'induſtrie du Peuple dont l'aiſance laborieuſe entretient tous les canaux de la fortune publique ? Il faut ſe reporter ſans ceſſe à cet axiôme éternel de toute conſtitution, que la richeſſe d'un État s'identifie ſous tous ſes rapports avec celle des Citoyens ; que l'une & l'autre n'eſt que l'excès des produits ſur les conſommations ; que l'une ſe compoſe néceſſairement par l'autre ; qu'elle ne peut même avoir d'autre principe, d'autre ſource ; & que par conſéquent, tout ce qui ruine les Peuples, appauvrit auſſi le Tréſor public.

C'eſt donc bien fauſſement que l'on a regardé comme un revenu véritable les neuf millions de la Loterie, fruits malheureux de tant de ruines & de déſaſtres : & ce revenu, quand il ſerait auſſi réel qu'il eſt illuſoire, pourrait-il être conſervé ? Ne ſera-ce pas un principe inviolable pour les Repréſentans

me de 10 à 11 millions, ci, . . 10 millions, 500 mille livres.

Total . . . 16 millions, 662 mille livres.

Supprimez la LOTERIE : je vois, dans la minute, 4,308 individus ſur le pavé ; & je le démontre. J'ai porté, avec M. NECKER, les appointemens des Employés à la ſomme de 600 mille livres : ſuppoſez que le traitement particulier de chaque Employé ſoit de 1200 livres ; ſuppoſez encore que chaque Employé ſoit chargé de nourrir une femme ou une ſervante, voilà donc déjà mille perſonnes qui vivent des bienfaits de la LOTERIE. J'ai donné, du fort au faible, à chaque Buraliſte, un traitement de 6 mille livres : ſuppoſez que ce Buraliſte ait une femme, un enfant & une ſervante à ſa charge, voilà encore 3,308 individus qui, du-moins pour le moment, doivent leur exiſtence

de

de la Nation, que, s'il est nécessaire de réduire considérablement le DÉFICIT, *par la suppression de toute dépense inutile, il est d'une justice non moins exacte de l'accroître sur certains points, par la proscription de toute recette illégitime? Et en fut-il jamais de plus illégitime que celle qui provient de la Loterie? En fut-il de plus féconde en calamités? Au prix de neuf millions, arrachés à la misère par les moyens les plus honteux & les plus profondément injustes* (4), *que voit-on en effet tous les ans? des races éteintes;* civile & leur bien-être physique à la LOTERIE. Mais négligeons les intérêts particuliers de plus de 4 mille hommes, & ne nous arrêtons qu'à l'intérêt général de l'Empire.

Par la suppression de la LOTERIE, il va s'exporter annuellement du Royaume seize millions six cent soixante-deux mille livres. Quelle masse effrayante de numéraire! Et qui pourra calculer les non-valeurs de toute espèce qu'opérera cette funeste exportation! Combien de branches de

(4) Il est pénible, Monseigneur, d'avoir à relever dans votre pamflet, tant d'incorrections de style, tant de phrases à prétention, dont l'analyse ne présente au Grammairien-puriste, qu'un pompeux galimatias. Cette tournure, par exemple: *Au prix de . . . . que voit-on . . . .* avez-vous eu dessein d'en enrichir la langue? Je doute fort, soit dit sans vous fâcher, que nos quarante Grammairiens jurés, qui sont en possession

D'aller au Louvre, en Corps, commenter l'Alphabet,

la consignent de sitôt dans leur Lexique académique.

Quand, au milieu de cette tournure, je lis ces expressions qui l'entrelardent, si j'ose ainsi dire: *Moyens les plus profondément injustes;* il me semble annoncer quelques lignes du Grimoire de RABELAIS, ou du barbouillage de CYRANO DE BERGERAC.

les hôpitaux, les prisons peuplés de nouvelles victimes; le peuple découragé, corrompu, appauvri; des milliers de Citoyens dépravés par la cupidité, égarés par des illusions, aimant mieux rêver leur fortune, que s'occuper des moyens de la faire; les uns perdant dans de vains calculs leur intelligence & leur raison; d'autres livrés tour-à-tour à des angoisses cruelles, à des désirs criminels: les banqueroutes se déclarent; les suicides se commettent; les crimes se succèdent..... Qui osera penser que neuf millions, même véritables, mais provenant d'une source aussi corrompue, puissent racheter tant de malheurs aux yeux de la Nation assemblée?

revenu public vont être desséchées? Combien de véritables richesses vont être taries par l'écoulement rapide d'un métal, dont la seule destination était d'en vivifier la source? Que de millions la perte annuelle de ces 16 ou 17 millions ne feraitelle pas encore perdre à l'Etat! Ne serait-ce pas dessécher jusque dans leurs racines, les trois grands rameaux de la félicité publique, l'Agriculture, le Commerce & l'Industrie nationale? Que de milliers de bras rendus inutiles, dans toute l'étendue de 26,951 lieues quarrées, par le défaut de ces ressources variées qu'enfantent & que multiplient, chaque jour, dans un Royaume, l'abondance & la circulation libre du numéraire! C'est alors qu'on serait véritablement effrayé par la présence de tous les désordres qu'entraînent ordinairement à leur suite le désespoir public, & la misère générale. Le droit sacré de la propriété ne serait plus respecté: nos grandes routes ne seraient plus bordées que de malheureux mendians, ou plutôt, elles ne seraient plus que le repaire des brigands dont l'audace jetterait l'épouvante & l'effroi dans nos Villes & dans nos Campagnes. C'est alors qu'on verrait, plus que jamais, les Banqueroutes se déclarer, les Suicides se commettre, & les Crimes de toute espèce se succéder. Qui osera penser que, dans le dessein chimérique d'empêcher la ruine de quelques Joueurs imprudens, la Nation assemblée consentirait à faire, par la suppression de la LOTERIE, le malheur d'un État qui ne l'a appellée que pour travailler à l'édifice durable de son bonheur ?

§. 43. *Ces raisons qui sollicitent avec force la proscription de la Loterie, ces raisons que consacrent les vœux les plus purs de la Nation, & que nous n'avons fait que recueillir au sein de l'opinion générale, nous ont paru, dans leur rapprochement, pouvoir être offertes au Public. Nous avons pensé que le développement de ces idées, quelqu'imparfait qu'il soit, pourrait peut-être concourir à accélérer la ruine de ce funeste établissement : car en appelant, de plus en plus, l'attention publique sur les maux dont il est la source ; en mettant sous les regards de tous les Citoyens ses*

§. 43. Ces raisons qui réclament si fortement, contre les vœux particuliers de quelques Bailliages, & spécialement contre le vôtre, Monseigneur, le maintien de la LOTERIE ROYALE DE FRANCE ; ces raisons que consacrent les principes de la vraie Politique & de la saine Morale, & que nous n'avons fait non-plus que recueillir au sein de l'opinion générale, nous ont paru, dans leur rapprochement, & en opposition avec les raisonnemens ou l'abus du raisonnement qu'elles viennent de combattre, pouvoir être offertes au Public. Nous avons pensé

dangers & ses ravages ; en les pénétrant de son injustice & de son immoralité, non seulement on détruit l'illusion qui en est le premier soutien, mais on peut même espérer d'accroître & d'affermir à tel point dans les esprits, la juste indignation qu'il inspire, que chacun soit prêt à s'imposer des sacrifices, s'ils sont nécessaires, pour être délivré à jamais de ce fléau, qui trop long-tems a fait le malheur de la Nation.

que ce conflit d'idées, en éveillant l'attention publique sur les avantages & les désavantages de la LOTERIE, pourrait faire toucher du doigt & de l'œil les maux de tout genre, dont sa destruction serait infailliblement la source ; car en mettant sous les yeux de tous les Citoyens les ravages qu'entraînerait la suppression d'un tel établissement ; en leur démontrant le contraire de l'injustice & de l'immoralité dont on l'accuse, non-seulement on efface les couleurs infamantes sous lesquelles on a essayé de le peindre, mais on ne voit plus en lui qu'une institution utile & bienfesante, à laquelle il faut bien se garder de donner atteinte, tant que les Etats circonvoisins entretiendront chez eux, & présenteront à la France l'appas insidieux de leurs LOTERIES.

En démontrant que, pour empêcher l'exportation annuelle de 16 à 17 millions, il est de l'intérêt de la Nation de laisser subsister la LOTERIE connue sous le nom de LOTERIE ROYALE DE FRANCE, je suis loin de penser, sans doute, que cet établissement, tel qu'il existe aujourd'hui, ne soit pas souvent funeste au Peuple (§. 20.) dont, en effet, il aggrave la misère, en excitant sa folle cupidité. Qu'il soit encore fatal à l'ambition cruellement déçue de quelques Citoyens fortunés, dont il dévore les richesses, on sait ce qu'on doit penser à-présent (§. 21. 33. 36.) de cette dernière considération. « D'ailleurs, comme le dit M. NECKER (*De l'Administration des Finances*, Tom. I. pag. lxxxviij de l'*Introduction*), les » mouvemens de fortune parmi les riches, sont » indifférens à l'Etat, mais les secousses dans le » modique revenu du pauvre, touchent de si près » à la source de son existence, qu'elles intéressent » la Société entière, & méritent essentiellement » la surveillance du Monarque ».

Je vais donc proposer, dans le régime actuel de la LOTERIE ROYALE, le précis de quelques changemens à l'aide desquels cette Institution nationale sera utile sous tous ses rapports, sans pouvoir nuire dorénavant, directement ni indirectement, à la classe indigente du Peuple.

La LOTERIE présente au caprice & à l'avidité des Joueurs sept Chances différentes à courir: cinq de ces Chances sont particulièrement l'occasion de la ruine journalière du Peuple, parce que, pour quelques pièces de monnaie, elles lui donnent l'espoir de gagner des sommes considérables. Supprimez ces Chances qui sont l'*Ambe déterminé*, l'*Ambe simple*, le *Terne*, le *Quaterne* & le *Quine*; & réduisez la LOTERIE aux *Extraits simple & déterminé*, & qu'au lieu de *dix sols*, la Mise sur chaque Numéro, dans l'une & l'autre de ces deux Chances, ne soit pas au-dessous de *trente sols*: déterminez encore la progression des Mises, & que cette progression, sur chaque Numéro chargé, ne soit pas non plus au-dessous de *trente sols*. De cette manière, aussi aisée à concevoir que facile à exécuter, il résulte évidemment trois avantages : vous interdisez aux malheureux un Jeu auquel il serait inhumain & criminel de les laisser encore atteindre ; vous conservez aux Citoyens qui veulent risquer à cette LOTERIE le surperflu de leur aisance, la faculté exclusive de satisfaire pleinement leur envie ; &, ce qu'il ne faut pas perdre de vue, l'argent du-moins ne sort pas du Royaume.

Vous allez m'objecter que la suppression des cinq dernières Chances serait un coup mortel porté à la LOTERIE : non, & fiez-vous toujours, pour l'événement contraire, à la folle cupidité des Joueurs. Mais, ajoutez-vous, le profit de l'Administration sera bien peu de chose, quand vous aurez dépouillé la LOTERIE des cinq Chances qui fesaient la majeure partie de son bénéfice. A cela voici ma réponse : Ce n'est point par des vues *mercantilles*, mais dans le seul dessein (§. 40) de concentrer dans ses Etats la masse de notre numéraire, que le Législateur a institué la LOTERIE ROYALE DE FRANCE. D'ailleurs, il est de fait que le moindre Bureau de Province produit aujourd'hui à son Titulaire, un casuel d'environ 6000 liv. par an : il y en a qui rapportent 10 à 12 mille liv., & le revenu de plusieurs de ceux qui existent dans la Capitale, s'élève de 20 à 30 mille livres : la retenue de 4 pour 100 sur les Mises des Actionnaires, de la part des 827 Buralistes du Royaume, est donc trop forte ; eh bien, si vous craignez que le Fisc, loin de bénéficier alors sur la LOTERIE, ne soit quelquefois dans le cas d'y perdre, en y mettant réellement du sien, réduisez la retenue de ces Buralistes à 2 pour 100, & vous ferez une économie annuelle de près de 2 millions 500 mille livres.

Après avoir dit, à la décharge de la LOTERIE ROYALE DE FRANCE, ce que la raison, la vérité & l'expérience suggèrent à l'homme qui réfléchit, sans intérêt, comme sans passion, sur cet Etablissement; la justice & l'impartialité veulent également que nous réclamions ici, en faveur des Actionnaires, contre une manœuvre coupable des Agens de l'Administration de cette LOTERIE.

Il est peu, pour ne pas dire point de Tirages, avant lesquels l'infidélité de ces Agens ne se permette de *fermer*, suivant leur expression technique, dans les différens Bureaux du Royaume, plus ou moins de Numéros. Expliquons ce qu'il faut entendre par ce mot *fermer* des Numéros.

Un *Ponte* qui depuis sépt, huit ou dix Tirages, nourrit un certain nombre des 90 Numéros de la LOTERIE ROYALE, est obligé, à chaque Tirage ultérieur, pour ne pas être dans le cas de perdre à l'époque incertaine où son jeu sortira, de doubler, quelquefois même de tripler sa Mise. Il en a INDIVIDUELLEMENT le droit, pourvu que, au terme de l'*Article VII du Plan de la* LOTERIE ROYALE, annexé à l'*Arrêt* du 30 Juin 1776, Article auquel l'*Arrêt* du 3 Septembre de la même année, n'a point dérogé; pourvu, disons-nous, que sa Mise sur chaque *Extrait simple*, n'excède pas la somme de *dix mille livres*.

Mais qu'arrive-t-il, pour l'ordinaire, lorsqu'un Actionnaire a déboursé progressivement sur son jeu, une somme un peu considérable? On lui *ferme* tout-à-coup ses Numéros; c'est-à-dire qu'on ne rougit pas de refuser net la totalité de sa Mise sur le jeu qu'il avait jusqu'alors constamment nourri: quelquefois cependant le scrupule du

Banquier permet, mais comme par grace, à ce malheureux *Ponte*, de placer seulement *dix sols* par *Extrait*, sur des Numéros qui, peut-être, à l'époque de cet affreux manque de foi, lui avaient déjà coûté, en masse, 8, 10 ou 12 mille livres.

Si ce n'est pas-là voler publiquement les Joueurs, qui ne risquent leurs fonds que sur la garantie respective des clauses d'un traité entre le Prince & ses Sujets; nous osons demander ce que c'est qu'une pareille conduite, sur laquelle le silence des Tribunaux, ou plutôt du Ministère public, a toujours été, aux yeux des honnêtes-gens, un énigme dont le mot est encore à donner.

Persuadés qu'il est enfin urgent de réprimer, dans le régime intérieur de l'Administration de la LOTERIE, un écart de cette nature; nous nous sommes empressés de dénoncer à la Nation assemblée un outrage fait, deux fois par mois, dans tous les Bureaux du Royaume, à la sainteté des engagemens publics.

Quand la Sagesse des Représentans du Peuple aura coupé, à cet égard, la racine du mal, on ne se plaindra plus qu'il est, en France, des Actionnaires qui, malgré la ressource de notre LOTERIE ROYALE, préfèrent encore de courir les risques de leurs fonds dans les LOTERIES étrangères. Qui ne voit pas, en effet, que le motif & tout-à-la-fois l'excuse de cette préférence ont été, jusqu'à-présent, dans une fraude que Gênes, Naples, Bruxelles, Rome, Vénise, Milan, &c. n'ont du-moins jamais eu à reprocher à l'avidité ni à la mauvaise foi de leurs *Banquiers*?

FIN.

www.ingramcontent.com/pod-product-compliance
Lightning Source LLC
LaVergne TN
LVHW020451230826
846091LV00004B/1642

* 9 7 8 2 0 1 9 9 4 4 2 9 2 *